神経から筋肉、骨格が美しく整う

躰調律矯正
からだ

躰調律矯正師／白々華代表

藤井菜保子

神経からアプローチすれば、
体が根幹から、
美しく整いはじめます

「神経はじき」は、神経系にアプローチしていく
まったく新しい体づくりのメソッド。

常に負荷がかかりガチガチになっている筋肉や、
ゆがんだまま固着している骨格を、
神経を通して刺激することで、
緩めやすい状態へと導いていきます。

筋肉や骨そのものだけを刺激するよりも、
それらをつかさどる神経から整えることで、
根幹から確実に、
ボディラインが変わっていくのです。

「躰調律矯正」は、見た目だけでなく内臓機能や神経障害も改善する

年齢とともに、姿勢が崩れ、体のラインはゆがんでいきます。

年齢を重ねるごとに、そのときにしか出せない美しさに出合っていただけるように、躰調律矯正サロン「白々華」では、体のゆがみを元の位置に戻し、しなやかで健やかなボディラインを描く施術を、皆さまにご提供しております。

白々華の施術「躰調律矯正」は、骨格筋や内臓、神経にアプローチを行い、また私が独自に見出した人体の力の線を元に、その線上に起きているねじれや張りに対して、楽器の弦をはじくように刺激を与えて取り除くのが特徴です。

なぜ、白々華の施術でボディラインが引き締まり、見た目が若返るのか。さらには、内臓機能や神経障害の改善までかなうのかは、最新の医学をもってしても明確には解明されておりません。医師や、鍼灸師、薬剤師の方々のお力をお借りして、メカニズムの解明を試みている最中であり、科学的なエビデンスをご紹介できるよう励んでおります。

エビデンスは解明中であるものの、多くのお客さまが劇的な変化を遂げていらっしゃるのは事実です。私自身が西洋・東洋医学を学んで施術と照らし合わせ、現段階で判明したメカニズムとともに、セルフで取り組めるよう工夫したメソッド「神経はじき」を、今回この本にまとめることとなりました。

姿勢や健康を害する悪癖を矯正。
自分を躾けることで病気も防ぐ

　躰調律矯正は、ゆがみを正すだけでなく、ご自身の体の状態を知り、体づくりの知識や知恵を身につけていただくところまでを含んでいます。サロンにいらしたお客さまにも「ゆがみにくい美しい姿勢」「体に負担のない身のこなし方」「質のよい食事と食事量」「栄養素の質と絶対量」「適度な運動」「良質な睡眠」「健康的なストレスの解消方法」など、さまざまな観点からアドバイスをさせていただいています。

　こうした食事や姿勢への意識を改革し、自分を躾けることで、施術効果が高まり、将来の病気を防ぐことにつながると、白々華では考えます。

　私は、ボディメイクトレーナーではなく、皆さまのお体をよりよい状態へ導く施術者でありますが、自分がなりたい自分像を追いかけ、自分を研究材料として誰よりも先に新しい発見をと思い、施術に取り組み、日々の意識を高く持つよう努めています。

　お体に向き合うことで、ご自身をいたわる気持ちが芽生え、メンテナンスや日々のケアを行う中で体の声を聞く力が養われていきます。ぜひ、日々のメンテナンスの一部として、躰調律矯正をライフスタイルに取り込んでみてください。

「躰調律矯正」のここがすごい!

埋もれていた
体のラインが削り出され
バストアップ!
魔法の施術です

モデル
HARUKO さん
1974年生まれ。学生時代に『JJ』でモデルデビュー。趣味はサーフィン。海や自然を愛するライフスタイルや、独自のファッションセンスが、多くの支持を集めている。

——白々華に通われるきっかけは?

　雑誌の取材で藤井ちゃんにお会いしました。初対面は美しいバストをつくる「おっぱい先生」という肩書きだったので、怪しい人だなと(笑)。帰り際に少し肩を調整してくれただけで、首は細くなるし、顔はスッキリ。その場でサロンを予約しました。

——初めて施術を受けられたときの感想を教えてください。

　痛くて拷問のよう!「そんなにやったらまずいでしょ」「そこも触るの?」と思うほど、こねくりまわされ、ボロ雑巾の気分。でも鏡を見たら、ずんどうだったウエストが細くなり、二重あごが解消。「骨格だから仕方ない」と諦めていたことも、この人に託せば違う世界を見られるかも、とサロンに通うことを決めました。

——モデルをされていても、体形に悩まれていたのですね。

　ウエストがくびれにくい骨格で、細いけれどずんどうでした。水泳やサーフィンで鍛えた肩はゴツくて、自前の肩パッド状態。巻き肩のゆがみもありました。とはいえ、体重管理はできていたし、これ以上は変われないと思っていたんです。でも藤井ちゃんは「エロい体を目指しましょう」と張り切ってくれて。

——そして、みるみる変わられた？

　埋もれていた体のラインが削り出される感じ。今は人生で一番、ウエストがくびれていますし、鎖骨に水がたまるほどくぼみができました。二重あごにまわす肉がないぐらい首はほっそりして、肩の位置も下がりました。

——体形以外にも変化がありましたか？

　疲れるとほうれい線や目尻のしわが目立っていました。「40歳過ぎたらしわぐらいできる」と開き直っていましたが、藤井ちゃんの手にかかると、見事に消えます。それから、授乳で梅干しばあさんみたいだったバストは、アンダーが2サイズダウン、カップは3サイズアップ！ 肋骨が締まりハリも出ました。さすが「おっぱい先生」です！

——日々の生活で、白々華のアドバイスを実践されていますか？

　通い出したころ、「脚を組んで座っていますよね」など、姿勢の悪いクセを全部見抜かれました。とはいえ、40年かけて積み上げたクセは簡単に直らず「リラックスしたいときはどうしたらいいの！」と半分キレたことも（藤井ちゃんの答えは「寝てください」でした）。ゆっくり直そうと覚悟を決め、立ち方、座り方、寝方、バッグの持ち方などすべてを意識。1～2年で美しい姿勢でいるほうがラクと思えるようになりました。

——今後はどんな体を目指したいですか？

　『エヴァンゲリオン』に登場する惣流・アスカ・ラングレーが理想です。現実の世界では藤井ちゃんのボディ！ 白々華は私にとって保健室であり、修理工場。いつも、修理されているアスカ・ラングレーになった気分で施術を受けています。いつまでも、サーフィンができてビキニが似合う、健康な体でいたい。寄る年波に震えることもありますが、私には白々華があり、藤井ちゃんがいるから大丈夫。すべてを解決してくれる魔法の施術です。

どんなに忙しくても施術の時間は確保。
体形も体調も、白々華に助けられています！

**コラムニスト・
ラジオパーソナリティ・作詞家**
ジェーン・スー さん

1973年東京生まれ。TBSラジオ『生活は踊る』ポッドキャスト『OVER THE SUN』などでパーソナリティを務める。数々の女性誌でのコラム連載に加え、近著に『闘いの庭 咲く女 彼女がそこにいる理由』(文芸春秋社)がある。

ラジオパーソナリティとコラムニストという職業柄、一日中座っていて、極度の肩こりや、腰痛が悩み。腰まわりについたぜい肉もなんとかしたいと思っていたところ、HARUKOさんに紹介いただき、白々華を訪れました。

私の体があまりにひどかったようで、最初の施術は3人がかり。声が出そうなほど痛かったですが、施術後は視界がクリアになって肩こりがラクになり、圧倒的に歩きやすくなりました。それまで「歩きにくい」という自覚すらありませんでしたが、スッスッとスムーズに歩けるのです。

施術中に藤井さんから「きたきた！」といわれて、何のことか分からなかったのですが、最近はそのタイミングで体が緩むのを体感できます。続けるうちに首が長く、肩まわりが小さく、バストの位置が高くなりました。あばらにへばりついた塊の肉が小さくなり、ウエストにはうっすらくびれが。腰まわりの肉が減り、お尻も丸く柔らかくなりました。

仕事に追われる毎日ですが、基本的には週1回、最低でも10日に1回、白々華に通う時間だけは確保しています。あまりに仕事が忙しく、白々華がなかったら乗り切れなかった月や週は何度もあり、助けられているという感覚です。藤井さんは研究熱心で、ご自身のスタイルも抜群。お忙しいにもかかわらず、いつもやさしい心遣いをしてくださって感謝しています。これからもよろしくお願いいたします。

大切な撮影の前には、必ず白々華を予約。
自分で気づかないゆがみも整えてもらっています

ファッションモデル
秋元 梢 さん
東京都出身。2009年にモデルとしてデビュー。パリコレやミラノコレクションをはじめ、数々の大型ショーに出演。雑誌や広告のほか、テレビやラジオ、講演などさまざまな場に活躍を広げている。

　久しぶりに会った方が、以前よりさらにきれいになっていてびっくり。「何かやっているの?」と尋ねたところ、白々華を紹介してくれました。

　初めて訪れて藤井さんとお会いしたときは「こんなかわいらしい人が施術してくれるんだ」と思ったのですが、想像以上のパワー。施術はとても痛かったですが、終わったあとは体が軽くなって感動! 地面に足がしっかりついて、体を支えていると感じられるんです。

　通ううちに、気になっていた首の痛みを感じる頻度が減っていきました。白々華のよさを人に伝えたいのですが、どんな施術をされているか、自分では見えないし、何と説明していいか分からなかったのですが、本当にすごいからとにかく行ってみて!と。自分で気づかないゆがみについても、きちんと説明してくれて直してくれるので助かります。今では月に1度、それとは別に、大切な撮影の前には予約を入れさせてもらっています。

　白々華に通い始めたのは、ちょうど、トレーニングの効果が上がらなくなったと感じていたタイミング。姿勢を整えるところから再スタートしようと決心したときでした。藤井さんの姿勢の美しさは、「体づくりの基本は姿勢」と、再認識させられます。プライベートでいっしょにごはんを食べにいったときなど、ふとした瞬間も完璧な美姿勢。美しさは日々の努力の積み重ねでつくられると、しみじみ実感しています。

　年齢による変化は受け止めつつ、ベストな自分でいたいと思っています。自分自身でがんばるのはもちろん、藤井さんにも頼りながら、理想の体を目指します。

役に合わせた体形をつくってくれる！
サロンの近所にマンションを借りて通いました

女優
沙央くらま さん

2001年に宝塚歌劇団へ入団。宙組公演『ベルサイユのばら2001』で初舞台を踏み、男女問わずさまざまな役を務める。退団後は、舞台や映画への出演のほか、美容・洋服ブランドのプロデュースなど多岐にわたり活躍。2022年に第一子を出産。

　宝塚時代は、役によって体形を変えなくてはならない苦労がありました。私は男役も娘役も演じていたので、体づくりの振り幅が大きかったんです。白々華では、引き締めたい部分など「こういう体になりたい」という希望を、その都度的確にかなえてくださり感動を覚えていました。東京公演の際は、施術を受けるためにサロンの近くにマンションを借りて通っていたほどです。

　ハードな舞台で体がガチガチになったときも、白々華に駆け込んでいました。施術を受けると、筋肉や内臓が正しい位置に戻り、体がいい方向に戻ろうとするのを感じます。

　自宅では、藤井さんに教えてもらった骨盤底筋群のトレーニング（P.64〜）を続けています。キツいけれど、おなかを内側から引き締める効果抜群！ また「施術前の数日はお魚を中心に」という食事のアドバイスも実践。筋肉が柔らかく、血液がサラサラになり、施術の効果が出やすいです。

　妊娠中や出産直後、白々華に行けない時期は、むくみでパンパンに。出産後に骨盤や肩甲骨を整えてもらい、舞台への復帰がかないました。女優としてきれいなシルエットをつくることを目指して、引き続きお世話になります。勉強熱心な藤井さんが進化し続ける姿は、私にとって大きな刺激。藤井さんが育てたスタッフさんたちも、藤井メソッドを受け継いだ実力の持ち主ばかりで心強いです。白々華は、私がどんな状態のときも諦めずに助けてくれる大切な場所です。

施術の後は雲の上を歩いているような爽快感！
気分の浮き沈みが減って、心も元気になりました

ファッションモデル
竹下玲奈 さん

鹿児島県奄美大島出身。1997年『プチセブン』でモデルとしてデビュー後、『non-no』や『MORE』、『BAILA』、『LEE』、『otonaMUSE』など多数のファッション誌を中心に活躍。一児の母。

むくみやすく、生理痛も重め。職業柄、コンディションを整えて現場に行きたいのに、体がむくんで悔しい思いをしたことが何度もありました。慢性的な肩こりや、クセになっているぎっくり腰も、ずっと直したかった。そんな私の悩みを知っている、美容に詳しい編集者さんが、白々華を紹介してくれたんです。

初めての施術では、全身から汗がブワァ〜ッと出て。血液がめぐって体が軽くなったことに驚きました。今もそうなんですが、白々華の帰り道は、いつも雲の上を歩いているような爽快感を覚えます。月に1度のペースで通うようになって2年。立っているとき、足裏に体重を乗せて大地を踏みしめられるようになったと感じます。腰まわりがスッキリしてウエストがくびれ、パンツがワンサイズ小さくなりました。ぎっくり腰も直り、生理痛も改善。そして2年間、一度もかぜをひいていません！

プロのモデルでありながら、今まで体のメンテナンスを継続してやってきませんでした。というのも、効果をあまり感じられなかったから。でも藤井さんに施術してもらうようになって、「ケアすれば結果は出る」と開眼。メンテナンスが続くようになりました。一番の変化は、心がいつも元気なこと。それまでは体調によって気分の浮き沈みがありましたが、今はすごく安定しています。体のパーツがあるべき場所に戻っていると、気持ちが優しく大きくなるんです。藤井さんが「自分の体を一番分かっているのは自分だから、ちゃんといたわってあげて」と言ってくれる言葉も、心をときほぐしてくれると感じています。

私たちも躰調律矯正で体が整いました！

T・F さん **60**代

下腹肉が消えてお尻も太ももも引き締まった
フェイスラインもスッキリ！ 食事の内容も整って12kg減！

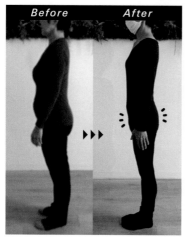

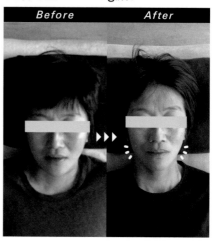

S・I さん **50**代

首、肩こり、頭痛が改善
下半身がふたまわり細くなった

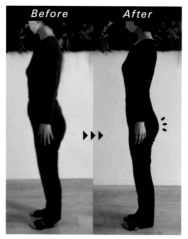

N・S さん **40**代

骨盤や肩甲骨、体全体の
左右差が整った！

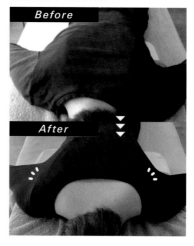

白々華の躰調律矯正で体が整い、美しさを引き出した人たちの
Before⇒Afterを大公開！ あなたの体も、必ず変わります。

M・J さん **40**代

肩が下がり、埋もれていた
肩甲骨が出てきた

Y・S さん **50**代

骨盤が整って
お尻の位置がアップ！

S・F さん **40**代

くびれが出現！
生理痛が劇的にラクに!!

Y・T さん **40**代

お尻がキュッと
引き締まった！

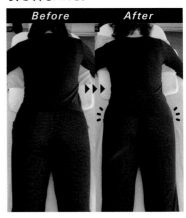

CONTENTS

PART 1
神経はじきで
体が整うわけ

PART 2
神経はじき
効かせるやり方

PART 3
躰調律矯正の仕上げ！
筋肉・骨・内臓の
磨き方

CONTENTS

○本書で紹介するメソッドは、病気や故障の治癒、治療を目的としたものではありません。また、効果には個人差があります。

○体調がすぐれないとき、体に痛みがあるとき、満腹とき、血圧に異常があるときは行わないでください。また、途中で体に異常を感じた場合はただちに中止し、医師に相談してください。

○次の方は必ず事前に医師に相談し、許可を得てから行ってください。

・妊娠中の方、持病がある方、ケガをしている方
・体調がすぐれない方、体に痛みがある方
・血圧の高い方
・頸椎や腰椎に痛みのある方
・喘息の方

PRACTICE 3
内臓 を磨く

※紹介している商品の情報は2023年4月27日のものです。
※商品の価格は税込みです。

PART 1

神経はじきで
体が整うわけ

白々華を訪れるお客さまたちは、
神経からもアプローチする施術で、
みるみる体が変わっていきます。
神経はじきがどのように体に作用しているのか、
そのメカニズムをご紹介します。

マイナスからゼロに
戻すだけではなく
美しさと健康をプラスする

　日ごろの姿勢や身のこなしが悪いと、骨や内臓が圧迫され、本来の場所からズレてしまいます。また、筋肉もねじれたまま収縮して硬化しがちです。

　筋肉も骨も内臓も、位置がズレれば正常に機能できません。太りやすくやせにくい体質へと変わり、老化が促進。万病を引き起こす原因となってしまいます。

　本書で紹介する「神経はじき」は、楽器の弦を弾くような術法。ねじれたりこわばったりしている筋肉、神経、独自に見出した線の2か所を同時に刺激することにより、眠っていた各組織の活動を目覚めさせ、ゆがみのない体へと戻していきます。

　ゆがみを整えると、いい効果は全身へと波及。体やメンタルの不調が整います。私自身、抱えていたたくさんのコンプレックスが少しずつ解消され、カバーするためだったファッションやヘアメイクが、自分らしさを引き立てるアイテムへと変わっていきました。

　白々華の躰調律矯正は、"マイナスからゼロに戻すだけではない、美しさと健康をプラスする体づくり"をかなえるメソッドです。歳を重ね、ライフステージが変化する時期にも、ご自身をより大切に愛してあげたくなるような美しさと健康をもたらしてくれます。

「神経」が眠っているとゆがみは直りにくい

体づくりの第一歩は
神経を目覚めさせること

「神経はじき」のコンセプトは、**筋肉や骨格、内臓をあるべき位置に戻し、本来の働きを取り戻させる**こと。そのために、「神経」へのアプローチも重要視しています。

なぜ神経なのかというと、体の機能のすべてを支配しているのが、神経系だから。筋肉や骨、内臓にそれぞれアプローチすることも大事ですが、**まずは神経を刺激することで、効率よくゆがみを正し、理想の体をつくりあげることができる**からです。

外側から筋肉だけを刺激したり、骨格に圧力をかけて矯正した場合、一時的には矯正できますが、すぐにゆがんだ状態に戻ってしまいます。

ところが、筋肉、骨、内臓を支配している神経をはじいて目覚めさせてあげると、**張り詰めていた筋肉の緊張はほどけ、ガチガチだった関節はほぐれやすい状態に。**ゆがみの矯正をスムーズに行うことができ、また、その効果を維持しやすいのです。

イメージするなら、神経は体じゅうに張りめぐらされているピアノ線のようなもの。ピアノ線をはじくように神経をはじいて神経が目覚めることで、筋肉や骨格、内臓に刺激が伝わり、正しい位置へと導いていくのです。

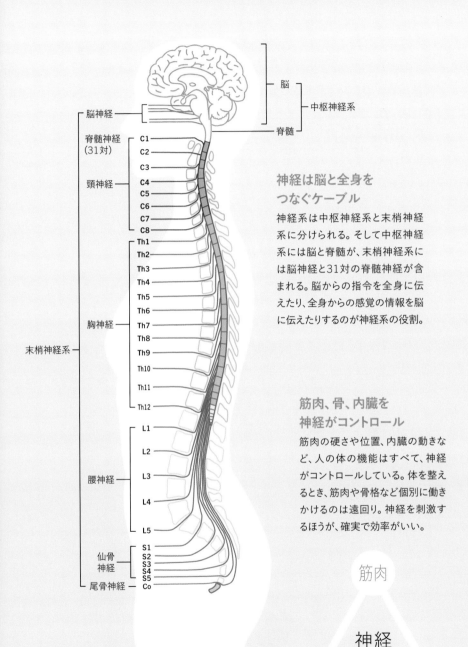

脳神経

脊髄神経
（31対）

頸神経

胸神経

末梢神経系

腰神経

仙骨
神経

尾骨神経

脳

中枢神経系

脊髄

C1
C2
C3
C4
C5
C6
C7
C8
Th1
Th2
Th3
Th4
Th5
Th6
Th7
Th8
Th9
Th10
Th11
Th12
L1
L2
L3
L4
L5
S1
S2
S3
S4
S5
Co

神経は脳と全身を
つなぐケーブル

神経系は中枢神経系と末梢神経系に分けられる。そして中枢神経系には脳と脊髄が、末梢神経系には脳神経と31対の脊髄神経が含まれる。脳からの指令を全身に伝えたり、全身からの感覚の情報を脳に伝えたりするのが神経系の役割。

筋肉、骨、内臓を
神経がコントロール

筋肉の硬さや位置、内臓の動きなど、人の体の機能はすべて、神経がコントロールしている。体を整えるとき、筋肉や骨格など個別に働きかけるのは遠回り。神経を刺激するほうが、確実で効率がいい。

筋肉

神経

内臓 ─── 骨

神経はじきでやること❶

出発点が同じ神経の
2点を同時に刺激し
目覚めさせる

　神経系は、脳からの指令を、背骨の中にある脊髄神経を通って全身へ伝えています。背骨は1本の棒ではなく1個ずつの骨が積み重なってできています。医学の世界では、背骨の何番目から出ている神経かを、「C1」「L2」などアルファベットと番号で示していて、同じ番号から出発した神経が、複雑に枝分かれしたり、合流したりしながら全身をめぐっているのです。

　神経はじきでは、同じ出発点から伸びる神経の、離れた2か所を押さえて同時に刺激します。例えば手首とひじには、いずれも出発点を「C6」とする神経が走っています。手首とひじを同時に刺激すると、C6の神経が目覚め、C6発の神経が支配している筋肉や骨がほぐれやすくなるのです。

　ちなみに神経をはじく際には、物理的に筋肉や骨も刺激することになるので、筋肉、骨そのものにも作用しています。

縫い物をするとき、あらかじめ糸をピーンと張って指ではじくと、糸が絡まりにくく強くなる。神経はじきはこれに似ており、1点だけをはじくのではなく、2点同時に押さえて刺激することで、神経に刺激が伝わりやすくなると考える。

【 脊髄神経と神経はじきの関係イメージ 】

手首とひじは、脊髄神経のC6から出発している神経のライン上に位置。
この2点を同時に刺激することで、
C6の神経が目覚め、C6が支配する筋肉がほぐれやすくなる。

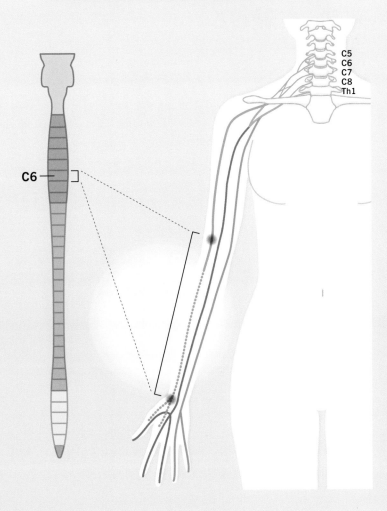

神経はじきでやること❷

筋肉の「起始」と「停止」 2点を同時に押さえ 刺激して緩める

　姿勢の崩れなどから無理な負荷がかかっている筋肉は、張ったり硬くなったりしています。これは、常に筋肉痛を起こしているような状態。そんなカチコチの筋肉をほぐすには、**筋肉の「起始」と「停止」を同時に押さえて刺激する**のが効果的です。

　筋肉の「起始」「停止」とは、その筋肉がどこからどこまでついているのかを表す位置です。

　ただし筋肉は深層から浅層にかけて、複数の筋肉が重なって構成されていたり、あるいは隣り合う筋肉同士が連動して負荷を分け合ったりしていることも。そのため神経はじきでは、筋肉ごとの「起始」「停止」ではなく、例えば体幹の背面であれば、僧帽筋、広背筋、大殿筋、腓腹筋をまとめて刺激できる2か所を刺激する、というように、効果的に筋肉が緩むよう、刺激する場所に工夫を凝らしています。

　また、「前ももの張りを取る」「巻き肩を直す」など、**それぞれのゆがみ直しに適した2か所をセレクトしているので、効率よく体が整っていく**ことを実感いただけるはずです。

【 神経はじきで刺激する筋肉のポイント 】

改善したいゆがみに合わせて、
単体の筋肉の「起始」「停止」にアプローチすることもあれば、
連動する複数の筋肉を同時にほぐすために、
離れた2か所を刺激する場合もある。

筋肉の起始と停止を刺激する場合

P.48
お尻 —— ひざ裏
（大内転筋）

複数の筋肉を同時に刺激する場合

P.45
肩甲骨 —— ひざ裏
（僧帽筋、広背筋、大殿筋、腓腹筋）

神経はじきでやること❸

骨格の出っ張った
2か所を押して
体を真っすぐにする

　折り目のついた紙を真っすぐにならそうとする場合、折り目がついて山になっている場所を2か所押さえれば、紙は平らに戻りやすくなりますよね。神経はじきではこの原理と同じことを行います。

　人の骨格は足首の上にひざ、腰、背骨が積み重なることで、頭をバランスよく支えていますが、猫背や反り腰などの悪い姿勢がクセになっていると、まるで折り目をつけた紙のように、骨格がガタガタになります。

　ゆがんだ骨格のうち、**出っ張っている2か所を同時に押さえることで、骨格を真っすぐに整える**のです。

　例えば「体幹はじき」(P.44)では、女性に多い「足首が硬い猫背姿勢」からくる体幹のゆがみを、ひざ裏と肩甲骨を同時に刺激することで、真っすぐに伸ばしていきます。

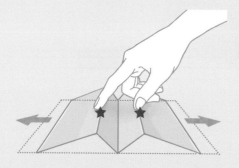

山折りと谷折りの折り目がついた紙。山折りの頂点2か所に同時に圧をかければ、折り目が戻り紙は真っすぐに伸びる。

【 神経はじきで行う骨格調整 】

足首から首まで一直線のラインの上に頭が乗るのが
理想の状態。骨格の飛び出た2か所を
同時に押さえることで、真っすぐの姿勢に近づける。

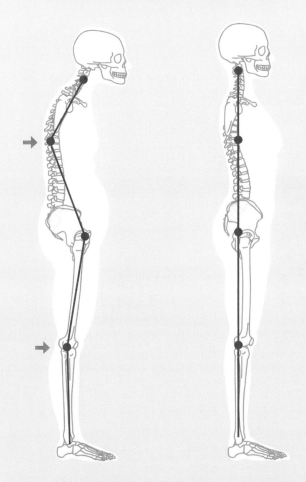

猫背になっていれば肩甲骨のあたりが出っ張る。また、足首が硬いとすねが
背中側に倒れ、ひざから股関節にかけて前に倒れるというゆがみが発生。こ
のゆがみに対して、神経はじきでは、出っ張っている肩甲骨とひざ裏側を同時
に押して正していく。

神経はじきは、筋肉自身が緩もうとする力を引き出している

産婦人科医であり、アンチエイジングや再生医療を専門とする斎藤糧三先生。
実際に白々華の施術を受けて体の変化を実感したという斎藤先生に、
医師の目から見た神経はじきの魅力を解説していただきました。

斎藤糧三 先生

医師。日本機能性医学研究所所長。ナグモクリニック東京アンチエイジング・機能性医学外来医長。美容皮膚科治療、栄養療法、点滴療法、ホルモン療法を統合したトータルアンチエイジング理論を確立。牧草牛専門精肉店「Saito Farm」を立ち上げ、スーパーフードとしての牧草牛の普及にも努めている。

実は、数年前にぎっくり腰になってから、なかなか本調子に戻れずにいました。整体やマッサージを渡り歩いて白々華にたどり着いたのですが、白々華の施術は、ほかにない特殊な手技だと感じています。

縮んだ筋肉を引っ張って伸ばしたり、硬くなった筋肉をほぐしたりしているわけではないのに、筋肉が緩んで関節の可動域が広がります。痛むのとは違う場所を刺激しているのに、なぜか痛みが軽くなるのです。これは「筋紡錘」「腱紡錘」にアプローチしているためではないかと思います。

筋紡錘は筋肉の内部に、腱紡錘は筋肉と腱の途中にある「筋腱移行部」の内部に位置する感覚受容器。いずれも筋肉が傷ついたり切れたりするのを防ぐ役割があります。

私自身のBefore→Afterの変化。背中が伸び、脚のゆがみが改善して真っすぐに近づいているのが一目瞭然！

Before *After*

　筋肉というのは、無理な力がかかればブチッと切れてしまいます。そうならないように、自動で筋肉の動きを制御するのが、筋紡錘と腱紡錘の仕事です。詳しく申し上げると、筋紡錘は筋肉の伸びを察知して、「これ以上伸びたら危険なので縮め！」と指令を送ります。一方の腱紡錘は、筋肉が引っ張られる力の強さや緊張を感知して、「切れないように緩め！」と指令を送るのです。筋紡錘と腱紡錘による筋肉への作用は、感知した刺激や緊張の情報を脳に伝え、脳からの指令で筋肉が動いているのではありません。大脳を通らない「反射経路」で情報を伝達しています。脚気の検査でひざをたたけば足先が跳ねるように、反射的に筋肉に作用するのです。

　「神経」と聞くと、ひじをぶつけたときに指先がしびれる現象を思い浮かべ、安易に刺激して大丈夫かと心配になるかもしれません。実際に刺激しているのは感覚受容器なので、神経が傷つく心配は無用です。

　私たち医師は、トラブルが起きている臓器など、悪いところそのものを治しています。それに対して藤井さんは、全身の本来あるべきいい状態がイメージできていて、その状態に近づくよう施術をしているように感じます。もしかすると現代医学は、木を見て森を見ずという状態になっているのかもしれません。どちらがいい、悪いではなく、それぞれのいい部分を取り入れていけるのが理想。神経はじきが作用するメカニズムが解明できたら、ぜひ私たちにも教えてほしいと思っています。

PART 2

神経はじき
効かせるやり方

白々華の施術を、セルフでできるように
アレンジしたのが
本書で紹介する神経はじきです。
最初は痛みがあるかもしれませんが、
徐々に体を慣らしていって。
刺激する場所や姿勢に気をつけながら、
正しく効かせていきましょう。

神経はじきで使う道具

サロンでは人の手で施術を行いますが
ボールを使うことで、セルフケアが可能です。

2個をテープで
貼り合わせる

テニスボール
実物大
約6.5～6.8cm

ボールを使って
2か所同時に刺激する

　白々華の躰調律矯正は、2か所を同時に押さえて神経をはじきます。ただし、ご自身では、2か所を同時に刺激することができません。そこでボールを使います。ボールを2か所に当て、体重をかけて転がせば、サロンの施術に近い効果を得ることが可能。ボールはテニスボールぐらいのサイズ、硬さが理想です。1か所につきボール1個ずつでもできますが、体重を乗せてバランスをとるのが難しいので、2個をテープで貼り合わせると安定して体重をかけることができます。

市販のピーナツ型ボールも便利

100円ショップの
マッサージボールも
しっかり刺激できる

イボイボボールも
おすすめ

効かせるコツ

最初は強く痛みを感じることもあります。
体重のかけ方や強度をコントロールしながらほぐしていきましょう。

指定の場所にボールを当てる

プロセスページでは、2個つなげたボールを当てる
位置を、水色の丸で示しています。ボールをつなげず
に使う場合は、指定の場所を目安に、1個ずつボール
を当ててください。

2か所に同じように圧をかける

神経はじきは、2か所を同時に刺激することで体を整えるメソッド。写真
を参考に姿勢を正しながら、2か所にバランスよく圧をかけましょう。

背骨&体幹の神経はじきを毎日の習慣にする

ゆがみの影響が大きい背骨、体幹の神経はじきは、毎日行うのが理想。
緊張がほぐれ、ぐっすり眠れるので、ぜひお休み前の習慣にしてください。

痛みが強ければ回数を調整

ゆがみや緊張が強いと、痛みが強く出ます。白々華では、お客さまに「痛
みは、のびしろ」とお伝えしますが、痛みを我慢しすぎると筋肉を緊張させ
てしまうことも。無理のない程度に回数を減らしてください。

※ケガや疾患がある場合は行わないでください。妊娠中はうつぶせになる動きは避けてください。

翌日に痛みが残るならやり方を見直して

施術中は痛くても、終わると痛みが残ることなくスッキリします。翌日に痛
みが残るなら、ボールを当てる場所がズレているなど、やり方が間違ってい
るのかも。痛みがあるうちは控え、やり方を確認してみてください。

神経はじきの種類

美姿勢のために毎日やりたい
基本の神経はじき

背中のS字ラインを取り戻す
背中はじき

P.40

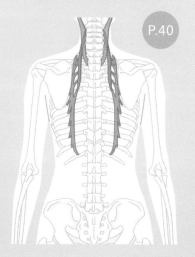

体幹を真っすぐにキープする
体幹はじき

P.44

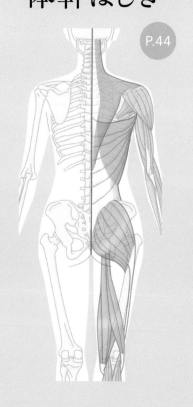

神経はじきは全部で6種類。
全身の中でゆがみが生じやすい部分をピックアップしています。
姿勢づくりへの影響が大きい、「背中はじき」と「体幹はじき」を軸に、
気になる部位別神経はじきをプラスしてください。

ゆがみも脂肪もスッキリ！

部位別神経はじき

太ももスラリ＆O脚改善

脚はじき

P.46

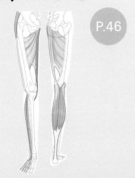

美尻をつくる

足首はじき

P.52

巻き肩が直り二の腕も細くなる

腕はじき

P.54

下腹をぺたんこに！

恥骨はじき

P.56

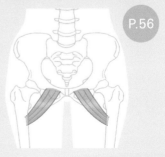

背中のＳ字ラインを取り戻す

背中はじき

STEP 1

後頭部 ── 肩甲骨

とうさいちょうきん
頭最長筋

けいちょうろくきん
頸腸肋筋

STEP 2

肩甲骨上部 ── 肩甲骨下部

きょうちょうろくきん
胸腸肋筋

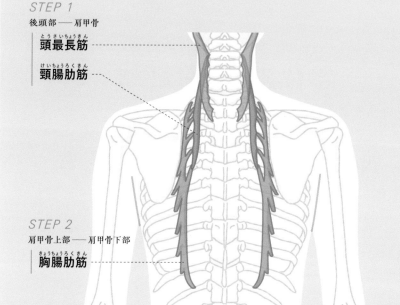

「背中はじき」では、頭を支えている首から背中にかけての筋肉にアプローチ。ここは複数の筋肉が何層も重なっているため、STEP 1で「頭最長筋、頸腸肋筋」、STEP 2で「胸腸肋筋」と2ブロックに分けて、それぞれの起始、停止部分を押さえて刺激していく。

頭を支え続けて
パンパンの背中を緩める

日常動作の中で、最も姿勢への悪影響を及ぼしているのは、長時間のスマホやパソコンの操作です。本来、人の骨格は首から背中にかけて、自然なS字カーブを描いています。

ところが**前のめりの姿勢が続くと、首から背中が一直線に**。「ストレートネック」や「猫背」などのゆがみが定着するのです。

前に突き出た頭を支えるのは、首から背中の筋肉にとって大きな負担。この姿勢は、背中の筋肉を酷使しながら、猫背を固めているといえます。

後頭部から背中にかけて神経はじきをすることで、筋肉の緊張が緩み、骨格のゆがみが戻りやすい状態に。**S字ラインが復活し、美姿勢を保ちやすくなります。**

成人の頭の重さは4〜5kg（体重の10％）といわれるが、それは背骨の真上に頭がある状態。頭を前に突き出すほど背骨からの距離が遠くなり、20kg以上の負担が首や背中にのしかかる。

ボールの位置

後頭部
—
肩甲骨

お尻を浮かせて
上下に揺れる

あおむけになり、後頭部と肩甲骨にボールを入れます。そのまま片ひざを立ててお尻を浮かせ、体を上下にゆらゆら10往復動かしましょう。

10 往復

手をついても
よい

足裏で床を押し
体を上下に揺らす

STEP 2

ボールの位置

肩甲骨上部
肩甲骨下部

頭を支えながら
上下に揺れる

あおむけになり、肩甲骨の上部と下部
にそれぞれボールを入れます。片ひざ
を立ててお尻を浮かせ、両手は頭の後
ろに。足で床を押しながら、体を上下
にゆらゆら10往復動かしましょう。

10往復

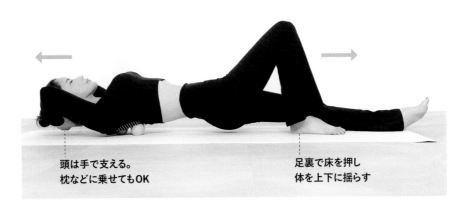

頭は手で支える。
枕などに乗せてもOK

足裏で床を押し
体を上下に揺らす

体幹を真っすぐにキープする

体幹はじき

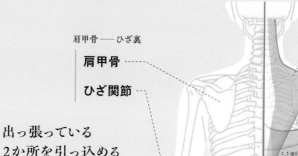

肩甲骨 ── ひざ裏

肩甲骨 ------
ひざ関節 ------

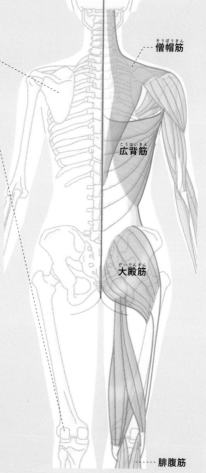

僧帽筋（そうぼうきん）

広背筋（こうはいきん）

大殿筋（だいでんきん）

------ 腓腹筋

出っ張っている
2か所を引っ込める

　横から見たときに、耳、肩、腰骨、ひざ、足首の5点が真っすぐそろっているのが、理想の姿勢です。ところが足首が硬かったり、猫背がクセになったりしていると、この5点がガタガタに。**姿勢が崩れると筋肉の位置もズレて正しく使えなくなり、脂肪がつきやすくなります。**

　ゆがみにはさまざまなタイプがありますが、日本人女性の場合、「ひざが後ろにズレる」「猫背」というゆがみを抱えている人が多数。これを整えるために行いたいのが、出っ張っている「肩甲骨」と「ひざ裏」を刺激する「体幹はじき」です。**背中からひざにかけての骨格や筋肉が正しい位置に戻りやすくなり、体幹が真っすぐ整います。**

ボールの位置

肩甲骨
—
ひざ裏

お尻を浮かせて
上下に揺れる

あおむけになり、右の肩甲骨、右ひざ
裏にそれぞれ、ボールを入れます。そ
のまま左ひざを立ててお尻を浮かせま
しょう。体を10往復上下に動かしたら、
左右を替えて同様に行います。

左右各
10 往復

頭は腕で支える。
枕などに乗せてもOK

太ももスラリ＆Ｏ脚改善

脚はじき

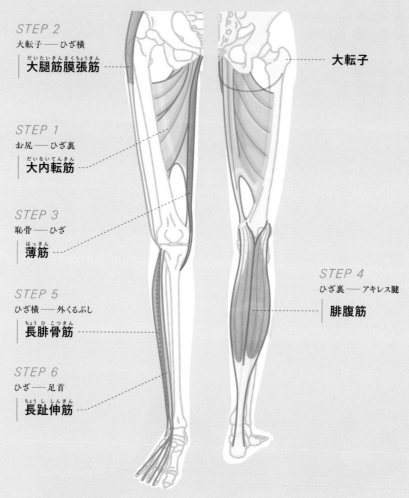

STEP 2

大転子 —— ひざ横

| 大腿筋膜張筋
だいたいきんまくちょうきん

STEP 1

お尻 —— ひざ裏

| 大内転筋
だいないてんきん

STEP 3

恥骨 —— ひざ

| 薄筋
はっきん

STEP 5

ひざ横 —— 外くるぶし

| 長腓骨筋
ちょうひこつきん

STEP 6

ひざ —— 足首

| 長趾伸筋
ちょうししんきん

—— 大転子

STEP 4

ひざ裏 —— アキレス腱

| 腓腹筋

「脚はじき」は股関節からひざ、ひざから足首の上下2パーツに分けて、前面、側面、背面に走る神経を刺激。それぞれ連動する筋肉を活性化し、骨格のゆがみを調整することで、脚が細くなりやすい状態へと整えていく。

脚

股関節から足首まで
前、外、裏の3面を刺激

　脚が太くなるおもな原因は、日常生活における動作のクセ。例えば片側だけに重心をかけて立つと、重心がかかる側の外ももが発達して、左右のゆがみが生じます。また、よくヒールを履く女性の場合、足首が硬くなりがちです。足首に対してひざが後ろに、ひざに対して股関節が前にズレるゆがみが生じやすく、その結果、脚が太くなってしまうのです。

　脚のゆがみを調整するには、股関節から足首まで、前面、側面、背面の神経にアプローチすることが大事。3面を刺激することで、本来の骨格や筋肉の位置へと、バランスよく整えます。股関節から足首までは距離が長く、セルフケアで2か所同時に刺激するのは難しいので、上下半分ずつに分けて刺激していきましょう。

片側重心は、骨盤がゆがみ、股関節はねじれ、片方の外ももばかりが発達し左右差を生むNG姿勢。また、足首が硬いとひざが後ろに、股関節が前にズレ、前ももの筋肉が発達しやすい。脚が太くなる原因の一つ。

お尻 — ひざ裏

左足と両手で 支えながら前後に動く

左ひざを立てて座り、右のお尻とひざ裏にボールを入れます。両手は後ろにつきましょう。左足裏と手で体を支えてボールに体重を乗せ、お尻から足を前後に動かします。10往復したら、反対側も同様に。

大転子 — ひざ横

お尻を浮かせて 前後に動かす

右側を下にして横になり、右ひじで上体を支えます。ボールは右の大転子とひざ横に。左足裏と右ひじで床を押しながら、腰から足を前後に動かします。10往復したら、反対側も同様に行いましょう。

恥骨 — ひざ

うつぶせになり恥骨と ひざを刺激する

うつぶせになり、右の恥骨とひざにボールを入れます。両手のひらは床に向け、ひじを立てて上体を支えましょう。手のひらで床を押しながら、体を前後に10往復動かしたら、反対側も同様に。

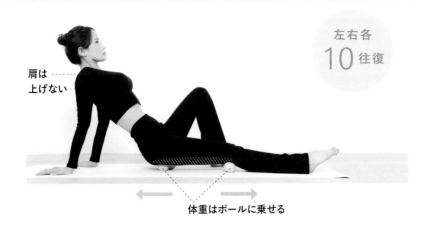

左右各
10 往復

肩は
上げない

体重はボールに乗せる

左右各
10 往復

肩は
上げない

ひじで床を押し
体を動かす

左右各
10 往復

肩は
上げない

首は
長く伸ばす

ボールの位置は
ひざのやや上

手のひらで床を押し体を動かす

ボールの位置

ひざ裏
——
アキレス腱

脚で前後に
ボールを転がす

左ひざを立てて座り、右のひざ裏と
アキレス腱にボールを入れます。両
手は後ろにつきましょう。そのまま右
脚を前後に動かします。10往復し
たら反対側も同様に。

ボールの位置

ひざ横
——
外くるぶし

横向きでひざと
外くるぶしを刺激する

右側を下にして横向きになり、右ひ
じで上体を支えます。ボールは右の
ひざ横と外くるぶしに。右脚を前後
に動かし10往復したら、反対側も
同様に行います。

ボールの位置

ひざ
——
足首

体を浮かせて
脚を動かす

うつぶせになり、ボールを右のひざ
と足首に入れます。両ひじで床を押
して体の右側を浮かせ、そのまま右
脚を前後に動かします。10往復し
たら、反対側も同様に。

左右各
10 往復

首は
長く伸ばす

右脚を動かす

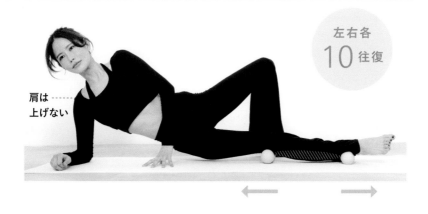

左右各
10 往復

肩は
上げない

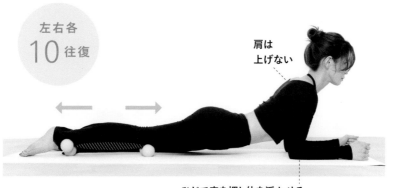

左右各
10 往復

肩は
上げない

ひじで床を押し体を浮かせる

足首はじき

足裏アーチの崩れを阻止する

　足首が硬いと、ひざや股関節の位置がズレてゆがみが発生。また、足裏のゆがみを引き起こすことも問題です。足裏は全面が床につくのではなく、アーチ状に土踏まずが浮いているのが正しい状態。**ところが足首が硬いと重心のバランスが親指側に傾き、土踏まずがつぶれてしまうのです。**体の土台がゆがめば、ますます脚のゆがみも悪化。脚が太くなり、お尻も垂れてきます。

　足裏アーチにつながる筋肉は、いずれもすねの腓骨から出発しています。親指側につながる長母趾屈筋、小指側につながる長腓骨筋を、それぞれ刺激しましょう。**足首のねじれが改善し、足裏に押し返す力が入るようになり、足首の上下運動の可動域も広がります。**

STEP 1
腓骨横 ── 土踏まず
（ひ こつ）
| **長母趾屈筋**
（ちょう ぼ し くっきん）

STEP 2
腓骨横 ── 外くるぶし
| **長腓骨筋**
（ちょう ひ こつきん）

腓骨を押さえながら土踏まずを刺激すると「長母趾屈筋」が、腓骨を押さえながら外くるぶしをはじくと「長腓骨筋」が活性化する。

足首が硬いと、足裏の重心が親指側に寄りやすい。すると土踏まずがつぶれ、足裏がベターッと床についてしまう。このゆがみが、全身に波及していく。

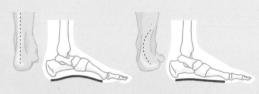

正常な足裏アーチ　　　　つぶれた足裏アーチ

腓骨横 — 土踏まず

指とボールの位置

手で腓骨を押しながら 土踏まずのボールを転がす

両ひざを立てて座り、右の土踏まずにボールを入れます。ひざ頭の右下にある出っ張りを、右手の人さし指と中指でゴリゴリと押しながら、ボールを前後に転がします。10回行ったら左脚も同様に。

左右各
10回

← →

腓骨横 — 外くるぶし

指の位置

腓骨と外くるぶしを 同時に指でゴリゴリ押す

ひざ頭の右下にある出っ張りに、右手の人さし指と中指を当てます。左手の人さし指と中指は、右の外くるぶしに当てましょう。この2か所を、同時にゴリゴリ刺激します。10回行ったら、左脚も同様に。

左右各
10回

巻き肩が直り二の腕も細くなる

腕はじき

STEP 1

肩甲骨 —— ひじ

上腕三頭筋

STEP 2

ひじ —— 手首

腕橈骨筋（わんとうこつきん）

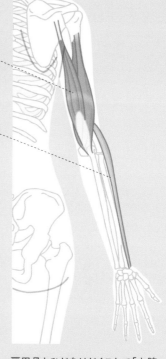

肩甲骨とひじをはじくことで「上腕三頭筋」を、ひじと手首をはじくことで「腕橈骨筋」を刺激する。

ひじ上、ひじ下が逆方向にねじれている

パソコンやスマホを見る時間が増えたことで、腕がねじれ、親指が内側に屈曲している人が増えています。パソコンやスマホ操作は、肩を内側に巻き込みやすく、巻き肩や、手首のねじれ、二の腕のたるみの原因に。**腕がゆがみ、ひじに負担をかけることで、猫背や胸の縮まりなど、悪姿勢を増長**します。「腕はじき」では、肩甲骨からひじ、ひじから手首という2本のラインをそれぞれ刺激。**腕やひじのねじれが解消するとともに、肩甲骨が下がりやすくなり、胸が広がります。**

肩からひじにかけては内側にねじれ、ひじから手首は外側へとねじれるゆがみを抱えている女性が多い。こうした腕のゆがみ（猿腕）が、猫背やバストのたるみといった体形崩れを引き起こす。

肩甲骨

——

ひじ

肩甲骨に入れたボールに
体重を乗せて転がす

左側を下にして横になり、わきとひじにボールを入れます。ボールが肩甲骨に当たるよう、胸を斜め上にひねりましょう。そのまま、前後に体を動かします。10往復したら、反対側も同様に。

ボールの位置

左右各
10往復

**痛みが強い人は、
体重の乗せ具合を調整**

STEP 2

ひじ

——

手首

腕を動かしてひじと手首の
ボールを転がす

*STEP 1*の姿勢から、ボールの位置をひじと手首に移動。続いて、左腕を前後に動かします。10往復したら、反対側も同様に刺激しましょう。

ボールの位置

左右各
10往復

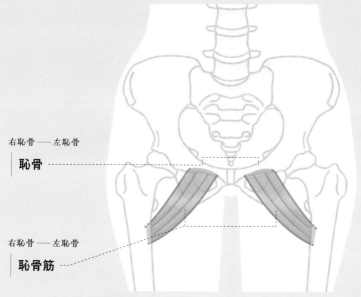

下腹をぺたんこに！
恥骨はじき

右恥骨── 左恥骨

恥骨

右恥骨── 左恥骨

恥骨筋

骨盤の骨のうち、膣を挟んで左右対称に飛び出している骨が
「恥骨」。「恥骨はじき」では、この恥骨を奥へと押しながら、恥骨
筋も刺激する。

せり出した恥骨をグイッと押し込む

　ボディラインが崩れている人の多くは、背中が丸まり猫背になっています。
すると、腰も丸まり、骨盤は後傾になり、**骨盤の前側にある恥骨がせり出し
てきます。**「恥骨はじき」は、恥骨を押し込むことで、後傾した骨盤を真っすぐ
に戻すのが狙い。**骨盤が立つことで背中が真っすぐになり、また、骨盤底
筋群（P.98〜P.99参照）に力を込めやすくなるため下腹がスッキリします。**

　恥骨を押し込むことで、恥骨と大腿骨をつないでいる「恥骨筋」も活性化。
股関節の可動域が広がり、脚やせ効果も期待できます。

ボールの位置

右恥骨
—
左恥骨

恥骨にボールを入れ
左右に転がす

うつぶせになり、左右の恥骨に当たるように
ボールを入れます（2個並んでいる
ボールを使う場合は、縦に置く）。ひじを
ついて上体を引き上げたら、お尻を左
右に動かしましょう。10往復行います。

10 往復

お尻を左右に振る

痛みが強い人は、
体重の乗せ具合を調整

PART 3

躰調律矯正の仕上げ！

筋肉・骨・内臓の
磨き方

神経はじきによって、体のゆがみを整えたら、
そのいい状態をキープしながら、
さらに美しいボディラインを描いていきましょう。
そのためには、日常生活の中で筋肉・骨・内臓を
磨いていくことが必要です。

神経はじきで整った体に「美」をプラス

筋肉・骨・内臓を磨くレッスン

神経はじきを日々行うことと同じくらい重要な
のが、お体を大切にするための一生ものの体づ
くりの基礎を、ご自身で身につけていただくこと
です。まず目を向けていただきたいのが、「筋肉」
「骨」「内臓」。この3つの磨き方です。

日常生活の中できちんと働かせるべき筋肉を
使う方法、体に負担なくゆがみにくい身のこなし
方、質のよい食事の内容や必要量などを知るこ
とで、人の手を借りなくても、ご自身で体の状態
を整えることができるようになります。

できる限りゆがみの矯正が必要のない体を、
日常生活でつくっていただけるようになることこ
そが、白々華の望みです。

筋肉

筋肉は本来、柔らかいもの。脳からの指令によって収縮し、硬くなります。意図的に力を入れていないのに筋肉が硬くなるのは、悪い姿勢や運動不足で、知らないうちに力を入れっぱなしになっているから。正しく筋肉を使うことで集中していた負担が分散され、柔らかい筋肉へと変わっていきます。

内臓

体が必要とするものを食べることが健康の基本。でも現代女性は仕事や育児に追われて、自分のことは後回しにしがち。体の声に耳を澄ますことができず、過食傾向にあります。必要な栄養が足りず、不要なものを多くとりすぎている食生活を見直しましょう。

骨

骨格がゆがまないようにするには、姿勢への意識が何より大事。特に就寝時やパソコン作業など、長時間同じ姿勢が続くときに悪い姿勢でいると、頑固なゆがみが定着します。また、足裏は姿勢の土台。足裏のゆがみ予防には、毎日のケアが有効です。

筋肉

を磨く

施術中は体幹を使い、必要な筋肉だけを意識しています。
これにより、自然と筋トレができているともいえますが、
それ以上に姿勢を意識することで、
筋肉をいい状態で維持できるのだと思います。
美しい姿勢を保つには、
骨盤底筋群や腸腰筋、腹筋群、殿筋群などに
力を入れることが必要で、
これらの筋肉を使えていれば、
ボディラインは引き締まります。
これから紹介する8種類の筋トレのうち、
「ひざ上げ背伸び」「マーメイドひねり」は、
いい姿勢をとるのに必要な筋肉を
バランスよく鍛えられるおすすめメニュー。
この2つを軸に、トレーニングメニューを
組み立ててみてください。

筋肉

骨盤底筋群を鍛えてぺたんこ下腹に

ひざ上げ背伸び

膣、尿道、肛門をコントロールしている骨盤底筋群（P.98〜99参照）は
おなかまわりや太ももの筋肉と連動。
加齢とともに衰えると、脂肪がたまりやすくなります。

1

右ひざを椅子に乗せて
片脚で立つ

真っすぐに立ち、右ひざを曲げていす
の座面に乗せます。手は腰に当てて、
骨盤が真っすぐ立っていることを意識
しましょう。体勢が不安定な場合、曲げ
ている脚側の手で壁を支えてもOK。

呼吸は膣も意識する

トレーニングは、息を吐きな
がら力を込めることで、体
幹に力が入りやすくなりま
す。このとき、膣を意識す
るのが効果を高めるポイン
ト。膣を引き上げるイメー
ジを持ちながら息を吐くと、
骨盤底筋群などのインナー
マッスルを刺激できます。

すねは床と平行

上体が
前に倒れる

ここに効く

- ☐ 下腹やせ
- ☐ 脚やせ
- ☐ 尿もれ改善
- ☐ お尻と太ももの境目くっきり
- ☐ 骨盤底筋群の強化

2

つま先立ちになり
体を引き上げる

息を吐きながら、左足でつま先立ちに
なり、全身を引き上げます。下腹に力
が入るのを感じたら、息を吸いながら戻
ります。1、2を10回くり返したら、左
右を替えて同様に行います。

左右各
10回

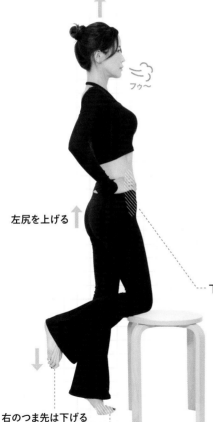

フゥ〜

左尻を上げる

下腹に力を込める

右のつま先は下げる

指のつけ根から指先で
床を押す

筋肉

腸腰筋を目覚めさせて腰くびれをつくる

マーメイドひねり

腸腰筋は背骨から骨盤、大腿骨をつなぐインナーマッスル。
姿勢を左右する筋肉であり、鍛えると腰肉がスッキリ。
横から見たとき、ヒップの上がグイッとくびれる「腰くびれ」ができます。

START

脚を伸ばして座ります。左ひざを曲
げ、左足を右ひざの外につきます。
体を右にひねりながら両手を体の
前につき、お尻を持ち上げます。

1

わき腹を引き上げる

手は右脚の
延長線上につく

左手を腰に当て右わき腹を引き上げる

右の外ももを床に下ろしたら、右手は床につき、左手は腰に当てます。
このとき、右腕に体重を預けるのではなく、右わき腹に力を込め、上体
を引き上げましょう。

ここに効く

- ☐ 腰くびれ
- ☐ ウエストのくびれ
- ☐ 二の腕やせ

わき腹から力が抜けると、
上体が下がり
右腕に体重が乗る

MEMO
床に手をついた側のわきが締まり、肩が
上がるのはNG。わきを開いて腕と体のす
き間をキープして!

2

フゥ～

顔は後ろに向ける

左右各
10回

ひじの内側は
体側に向ける

右のお尻をキュッと引く

息を吐きながら左ひざを倒す

息を吐きながら、ゆっくりと左ひざを倒します。右のわき腹に力を込め
続け、右のお尻を少し引くこと。息を吸いながら戻し、再び吐きながら
倒します。1、2を10回くり返したら、左右を替えて同様に。

筋肉

プリッと立体的な美尻をつくる

お尻フリフリ

股関節やお尻をストレッチしながら、腰まわりを刺激。
しっかりと呼吸を意識することで骨盤底筋が締まり、
体幹を真っすぐ保ち、美姿勢をキープする力も強化！

START

正座の姿勢から左脚を
体の後ろに伸ばします。
両手は腰に。

上体が前に倒れないようキープ

左脚はつま先まで
真っすぐ伸ばす

フゥ〜

息を吐きながら体を引き上げる

息を吐きながら、体を真上に引き上げます。下腹、左右のお尻、太ももの付け根の3か所に力が入るのを感じましょう。

MEMO
股関節が硬いと内側に下ろしにくく、体幹が弱いと外側に下ろしにくいです。スムーズに動けるようになることを目指して!

2

スゥ〜
フゥ〜
スゥ〜

左右各
10 往復

息を吸いながらお尻を下ろす

息を吸いながら、お尻を右かかとの内側へ下ろします。再び息を吐きながら体を引き上げ、今度は息を吸いながらお尻を右かかとの外側へ。股関節やお尻の伸びを感じながら10往復したら、左右の脚を入れ替えて1、2を同様に行います。

筋肉

キツいけれどくびれ効果抜群!

4の字しぼり

ウエストを左右にギュッ、ギュッとしぼる動きです。
足を上げる動きでは腹直筋、ねじる動きで腹斜筋が
鍛えられるので、腹ペタとくびれの両方に効き目あり!

START

あおむけになり、左ひざを
立てます。続いて左ひざに
右足首をかけましょう。

1

腕を下ろし肩を下げる

スゥ〜

脚を上げ
お尻を浮かせる

足を組んだまま左脚を上げ、息を吸い
ながらお尻を少し浮かせましょう。

2

左足を引いたとき
ウエストが
ギュッと締まる

フゥ〜

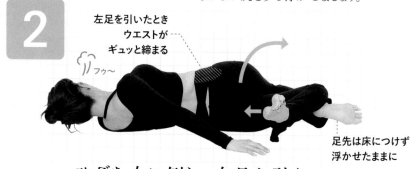

足先は床につけず
浮かせたままに

ひざを左に倒し、左足を引く

息を吐きながら、下半身をひねってひざを左に倒します。できるだけひ
ざを床に近づけること。倒しきったら左足をクッと体の後ろに引きます。

3

スゥ〜

お尻を
浮かせると
腹直筋に効く

ひざを起こして
お尻を浮かせる

倒したひざを起こし、息を吸いながら
お尻を浮かせます。

4

左足を引いたとき
ウエストが
ギュッと締まる

足先は床につけず
浮かせたままに

フゥ〜

左右各
5 往復

ひざを右に倒し、左足を引く

息を吐きながら右のお尻がつくように腰をひねり、ひざを右に倒します。できるだけ倒したら、左足を後ろにしっかり引くこと。5往復したら、左右の足を入れ替えて **1**〜**4** を同様に行います。

筋肉

肋骨を締めてきゃしゃなウエストに！

開脚ブンブン

**肩甲骨が上がると肋骨が開きやすくなり、肋骨が開くと
ウエストはずんどうになります。肩甲骨を下げながら
ウエストをひねる動きで、肋骨を締めていきましょう。**

START

正座の姿勢から左脚を
体の後ろに伸ばします。
両手は腰に。

上体が前に倒れないようキープ

左脚はつま先まで
真っすぐ伸ばす

1

スゥ～

肩が正面にくるぐらい
上半身をひねる

両手は
おへその高さに

お尻を左にズラし上半身を右にひねる

息を吐きながらお尻を少し浮かせ、続いて息を吸いながらお尻をか
かとの内側に下ろしましょう。このとき上半身は右に大きくひねります。

- ☐ 肋骨締め
- ☐ ウエストのくびれ
- ☐ 肩甲骨ほぐし
- ☐ ヒップアップ
- ☐ 骨盤底筋群の強化

2

顔は常に正面に

スゥ〜

スゥ〜

肩は
上げない

つま先は
真っすぐ

左右各
10 往復

リズミカルに体をひねりお尻を振る

右、左、右、左とお尻でかかとを飛び越えながら振り、同時に上半身
はお尻と反対側へひねります。反動をつけてOK。呼吸は、お尻を浮
かせるときに息を吐き、下ろすときに吸いましょう。リズミカルに10往
復したら、左右の足を入れ替えて **1**、**2** を同様に行います。

PRACTICE 1

筋肉

わきから背中を刺激してハミ肉撃退

開脚腕立てふせ

頭から足まで一直線をキープすることで
体幹やお尻を鍛えつつ、腕立てふせの動きで
胸やわきの筋肉を刺激します。

START

正座の姿勢から左脚を体の後ろに
伸ばします。手はひざの横につきま
しょう。続いて左足の指を床につけ、
左ひざを浮かせます。

**左脚は真後ろに
真っすぐ伸ばす**

1

**足先を踏ん張ると
お尻に力が入る**

スゥ〜

ひざは床から浮かせ続ける

息を吸いながらひじを曲げる

わきを締めてひじを少し後ろに引いたら、左足先を踏ん張ります。そ
して息を吸いながらひじを曲げ、ゆっくりと体を床に近づけましょう。

ここに効く
☐ わきのハミ肉
☐ 二の腕やせ
☐ 下腹やせ
☐ ヒップアップ

✕ NG

◯ OK　ひじは常に体につけ
わきを締める

MEMO
ひじを体にギュッと
つけておくので、手
首に負荷はかかりま
せん。手首が痛いよ
うなら、わきを締め直
してみて。

わきの肉と
二の腕に効く

2　左右各 **10**回

フゥ～

息を吐きながらひじを伸ばして上がる

下がりきったらひと休み。再びわきを締めて足先を踏ん張り、息を吐
きながらひじを伸ばして体を持ち上げます。1、2を10回くり返した
ら、左右の足を入れ替えて同様に。

筋肉

背中を鍛えて後ろ姿マイナス10歳
片手ばんざい

背中やせには、肩甲骨をほぐして動きやすくしてあげるのが効果的。
腹直筋に力を込めて、骨盤底筋群を刺激しながら肩甲骨を動かしていきましょう。

1

手のひらは正面に向け
指を伸ばす

左腕にもたれず、
わき腹を引き上げる

体を斜めに倒し
右腕を上げる

脚を伸ばして座り、右ひざを曲げて
左ひざの外側につきます。左手は
床につき、体を斜めに倒しましょう。
右腕は体の延長線上に伸ばします。

2

親指を後ろに引く

フゥ～

足を踏ん張り
骨盤底筋群を刺激

わきを締めながら右腕を下ろす

息を吐きながら、ひじがわき腹につくまでゆっくりと右腕を下ろします。
右わきが締まり、右の肩甲骨が背骨に寄るのを感じましょう。

ここに効く

- 背中やせ
- 二の腕やせ
- 下腹やせ
- わきのハミ肉
- 巻き肩改善

NG

OK
左肩は下げておく

親指を後ろに引く

スゥ〜

3

左右各
10回

足を踏ん張り
骨盤底筋群を刺激

右腕をゆっくり伸ばす

息を吸いながら、右腕をゆっくり伸ばします。2、3を10回くり返した
ら、左右を入れ替えて同様に行いましょう。

筋肉

腕を大きく引いて二の腕ほっそり

壁つき腕まわし

二の腕は、肩甲骨を動かしながら腕を体の後ろに引く動きで引き締まります。
足を前後に開脚して後ろ足で踏ん張ることで
骨盤底筋群やお尻の筋肉も刺激できるトレーニングです。

スゥ～

フゥ～

足を踏ん張る

START

壁に体の左側を向けて
立ち、壁側の左脚を前に
して脚を前後に開きます。
左腕を上げて手のひら
を壁に当てます。

1

半円を描くように腕を下ろす

手のひらを壁につけたまま息を吸い、吐きながら
腕を後ろに引いて半円を描くように真下まで下ろ
しましょう。顔は常に手のひらに向けること。

ここに効く

- ☐ 二の腕やせ
- ☐ 背中やせ
- ☐ 尿もれ改善
- ☐ お尻と太ももの境目くっきり
- ☐ 骨盤底筋群の強化

左右各
5回

2

半円を描くように腕を上げていく

真下まできたら一度息を吸い、今度は息を吐きながら腕を上げていきます。**1**、**2**を5回くり返したら、左右を入れ替えて同様に行いましょう。

骨を磨く

私が施術者になったばかりの2009年ごろは、
ピンヒールを履いて、当時はまだ重かった
ノートパソコンを抱える女性が増えた時代。
お客さまに多いお悩みは、腰痛や外反母趾でした。
やがてミュールがはやると、
足元の不安定さをお尻でカバーしようとするため、
お尻や腰まわりが大きくなり、
肩こりや背中の痛みが不調として現れるように。
また、ふんわりスカートがはやると、
座ったときに気が緩んで脚を開いてしまうためか、
股関節のゆがみが急増しました。
ファッションの流行でゆがみの傾向も変わるほど、
私たちの骨格は歩き方や座り方、
姿勢の影響を受けています。
どんな時代であっても、ゆがみを寄せつけない、
体にとって正しい姿勢を身につけていきましょう。

骨

枕に注意！
高さが合っていないと
顔が広がります!!

　体形と枕は無関係と思うかもしれませんが、それは大きな間違い。合わない枕で寝ていると、**肩甲骨が上がる、首が短くなる、ストレートネックになるなど、姿勢のゆがみが悪化し、太りやすくなります。**

　特に気をつけたいのは、首の高さに合わない低すぎる枕を使ったり、枕なしで眠ったりすること。これを続けると、恐ろしいことに顔が肥大していきます。なぜなら、頭蓋骨は一枚の骨でできているわけではないから。**睡眠中に頭が下がり、負荷がかかると、頭蓋骨に隙間ができて横に広がり頭がむくんでしまう**のです。また、顔の血液やリンパも流れにくくなるため、さらに顔もむくんで大きくなります。

　枕は、首とマットのすき間を埋め、肩まで支えてくれるものを選びましょう。また、首のカーブを維持できる高さのもの、柔らかすぎず少し弾力のあるものが理想です。

　枕は使っているうちにへたれてくるので、後から高さを調整できるタイプがおすすめ。また、マットレスとのバランスもあるので、枕を買い替えるときは、自宅と同じ硬さのマットレスで試すといいでしょう。

頭だけでなく
首と肩を支える

起きて真っすぐ立っているときと同じ姿勢で寝られるようサポートするのが、枕の役割。そのためには後頭部だけでなく、首や肩までしっかり乗せられることが肝心。

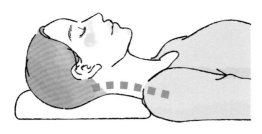

頸椎が自然なカーブを
描く高さ

首の骨は緩やかにカーブしている。このカーブを維持できる高さが理想。今使っている枕が合っていない人は、下にタオルを敷くなどして調整し、寝心地のいい高さを探してみて。

頭が下がり、首のカーブがキツくなる。寝ているときに頭への負荷が高まるため、頭蓋骨がゆがんで顔が肥大。頭に血液が集まり、寝つきにくくなるという弊害も。

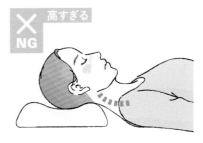

首や肩に負担がかかり、ストレートネックが悪化する。肩が上がりやすくなり、肩こりや首のしわ、腰痛の原因に。また、いびきをよくかく人は、枕が高い可能性が高い。

骨

入眠時の姿勢が
翌日の美姿勢をつくる

　立っているときは姿勢を意識していても、寝ていると
きは無防備な人が多いと感じます。

　体を丸めたり、ねじったりしてしまうおもな原因は、枕
の高さが合っていないことです。この寝姿勢を続けて
いると、**体がひねられて、首や顔のゆがみ、背骨のね
じれ、骨盤の左右差など、ゆがみが悪化**します。また
股関節が開いている人は、脚を4の字にするなど開き
やすく、これもゆがみを増長させます。また、寝る前に
やりがちな、ベッドの中で枕を重ねてテレビを観る、上
体だけ起こしてスマホをいじる姿勢もNGです。

　冬になるとゆがみが強いお客さまが増える傾向にあ
りますが、その原因は寒さのせいで丸まって寝ること。
このように、寝姿勢はゆがみに大きく影響するのです。

　就寝中に姿勢を意識することは不可能ですが、**寝入
るときの姿勢を正せば、ゆがみが進行するのを防ぐこ
とができます。**理想はあおむけで真っすぐの姿勢。あ
おむけになるのがツラい人は、仙骨（背骨の一番下に
ある、三角形の骨）に右図のように折ったタオルを当て
ると姿勢がラクになります。横向きに寝るときは、脚をお
なかより前に出さないようにしましょう。ひざを曲げて脚
を引くと、背骨のS字カーブをキープしやすいです。

【 こんな寝姿勢だと太りやすい！ 】

小さく丸まる

寒いときなど、丸まっておなかより前に脚が出ると、おなかに肉がたまりやすくなり猫背も悪化。さらに首のゆがみや腰痛も引き起こす。

上半身をねじる

上半身だけうつぶせで下半身は横向き。背骨や骨盤がねじれるうえ、上半身がこりやすく、首や顔のゆがみを引き起こす。

股関節が開いている

寝るときに脚を4の字に開いてしまう人、座っていると自然と脚が開く人は、股関節が開くゆがみがクセづいている。

【 やせる寝姿勢 】

あおむけ
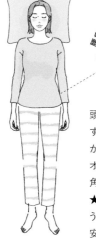

腰痛の人はタオルで腰をサポート

頭から足先まで、真っすぐにキープするのが理想。フェイスタオルを細長くして三角形に折ったものを、★が仙骨に当たるように入れると、腰が安定しやすい。

前ももをおなかより前に出さず、おなかからひざが一直線になるように意識。ひざを曲げて脚を後ろに引くと、背中が丸まりにくく、一直線をキープしやすい。

横向き

PRACTICE 2

骨

耳の穴が小さくなると
フェイスラインが緩む

　ご自身の耳の穴が人より大きいかどうか、あまり気にしませんよね。実は耳の穴が小さい人は、フェイスラインの緩みやしわ、肩こり、首こりなど、顔や首まわりのお悩みが出やすい傾向にあります。

　正確には、耳の穴の大きさというより硬さが重要。耳が硬いと穴がキュッと締まり、耳の穴が小さくなります。耳が硬くなる原因は首のゆがみです。**ストレートネックなどのゆがみがあごの関節をゆがませ、表情筋や頭皮、そして耳の穴が硬くなってしまう**のです。

　もう一つ、耳を硬くする大きな原因が「食いしばり」です。本来、上下の歯の間は、すき間があるのが理想の状態。ところが姿勢が悪かったり、ストレスがかかり続けると、**常に上下の歯が当たっていることになり、これがあごの関節に大きな負担となります。**

　毎日頭をフル回転させているがんばり屋さんや、自分を後回しにして相手を優先するやさしい人ほど、耳が硬いように感じます。そんなご自身をマッサージでほぐし、耳をふわふわにしてあげてください。

【 あごのゆがみを整える耳マッサージ 】

耳を手前にパタンと折る

耳のつけ根を指で押さえ、手前に折りたたんでギューッと押す。つけ根が刺激され、頭皮が引っ張られるのを感じて。2、3秒押さえては離す動きを10回くり返す。痛ければあごまわりがこっている証拠。

耳の穴に指を入れて押し広げる

人さし指を耳の穴に差し込む。そのまま、耳の穴を広げるイメージで、上下、前後に指でグーッと押す。

骨

最強のダイエットは「美姿勢を保つ」という意思

　ボディラインを決めるのは、姿勢です。下腹にギュッと力を込め、背筋をピンと伸ばしていれば、多少脂肪がついても凛と美しく見えます。また、**美しい姿勢をキープするには、自然と体幹や背中、お尻、ハムストリングスなどの大きな筋肉を使い続けるので、太りにくい体質へと変わっていきます。**

　悪い姿勢がクセづいてしまっている人も、「神経はじき」をしていただければ、正しい姿勢をとりやすい状態へ体が変わります。あとはいい姿勢を意識するだけです。

　「ずっといい姿勢を意識するなんて、無理」と思われますか？ でも、ゆがみのある体だと悪い姿勢がラクに感じるのと同じように、ゆがみのない体だと、美しい姿勢がラクに感じられるようになります。

　また、考えてみてほしいのです。ご自身がまわりからどう見られたいのか、どんな自分でありたいのか。「背中もひざも、しゃんと伸びている自分でありたい」と思われるなら、悪い姿勢に気づいたとき、クイッと背すじを伸ばしていただきたい。なりたい自分に変わっていくために最も必要なのは、ご自身の意思です。

【 日常動作の美姿勢テク 】

背中を丸めると猫背やストレートネックに。また手首を外に回転させて親指で操作すると、ひじや手首のゆがみ、巻き肩につながる。

スマホの画面を目の高さまで上げると、猫背になりにくい。スマホを持つ手の指は真っすぐ伸ばし、操作は反対側の中指で行う。

PCモニターが低く、キーボードが体から遠いと、猫背やストレートネックに。体をねじって座る、電話を肩と耳ではさむ姿勢もゆがみの元。

PCモニターは台に乗せて高さを調整。キーボードはひじが90度になるよう手前に置くとよい。いすの座り方はP.91を参照。

ひじに持ち手をかける持ち方は、ひじから先が外にねじれるゆがみの原因。二の腕が太くなり、肩こりや首こり、巻き肩にもなりやすいので、腕を伸ばして持とう。

肩に掛ける大きいバッグは、体の前側で持つのではなく、ひじでバッグのマチを押し、背中側にまわす。

腕を伸ばして持つ場合は、中指と薬指の2本指で持つ。肩が内側に入りにくくなり、二の腕のトレーニングにも。

骨

美姿勢座りのコツは
「座骨の安定」

一日のうち、座っている時間は長く、どんな座り方をするかによりゆがみは左右されます。座骨を立てにくい柔らかすぎるソファーやビーズクッションに座る、脚や足首を組んで座るのはNG。体をゆがませない座り方のコツは、座骨を座面に立てて安定させること。**座骨を立てれば骨盤が真っすぐに立ち、背骨のS字ラインがキープされ、骨盤底筋群にも力が入ります。**

【 床に座る 】

あぐらや横座り、体育座り、足の上にペタンとお尻を乗せる正座はいずれも骨盤を後傾させたり、左右にねじることになるので避けて。

おすすめは正座。左右の親指とかかとの内側同士を合わせて足を真っすぐにそろえ、かかとの上に座骨を乗せる。かかとが外側に倒れると、骨盤が後傾してお尻が大きくなりやすい。

股関節を広げて左右のつま先を重ね、かかとに座骨を当てるようにお尻を下ろして座る。あぐらをかきたいようなシーンでは、この座り方がおすすめ。

【 いすに座る 】

ダイニングテーブルなどのいすは、骨盤を立てて座るのが基本。
息を吐きながら足裏で床を押し返すと、骨盤底筋群が引き上がり下腹スッキリ。
座面が高いいすの場合、足の下に台を置くと◎。

ひざ、
くるぶしを
合わせる

上体を前傾させてひざを軽く曲げる。恥骨を引いて、お尻をクッと引き上げ、お尻に手を滑らせて座骨を確認。

1の姿勢のまま腰を下げ、座面に座骨をつける。下腹から力が抜けると、一瞬で腰が丸まるので注意!

足裏で床を、座骨で座面を押し返しながら上体を真っすぐに起こす。下腹に力が入っていることを意識。

【 電車で座る 】

電車のいすのように座面が低く、幅が狭い場合、
深く座って座面と背もたれの角にお尻をはめ込むと、座骨が立ちやすい。
普通のいすでも深く座る場合はこの方法を。

ひざ、
くるぶしを
合わせる

ひざ裏を座面のふちに当て、お尻を背もたれにつける。

お尻を背もたれに滑らせながら下ろしていく。座面と背もたれの角に、お尻をスポンとはめ込むイメージ。

上体を起こす。ひざ裏でいすを、足裏で床を押す意識を持つと下腹に力が入り、背中が真っすぐ伸びやすい。

骨

おしゃれ……だけど
足をゆがませる靴が
世の中にはあふれている

　骨格の土台は足で、その足を支える靴は、姿勢に大きく影響します。理想の靴は、かかとや足の甲をしっかりとホールドしてくれるもの、ソールがペタンコではなく、つま先よりかかとが高くなっているもの、そして足裏に当たるインソールの部分は、アーチを支えるように盛り上がっているものがベストです。

　この条件に当てはまるのは、ひもで結ぶスニーカーやレースアップシューズです。とはいえ、毎日スニーカーを履ける人ばかりではないですよね。

　足を守る対策としては、**足をゆがませる靴を履く時間は最小限に抑える**こと。また、かかとのすり減りは、すぐ修理しましょう。そして、**足裏のアーチをサポートするインソールを使うのもおすすめ**です。ハイヒール用のインソールなどもあるので、活用してみてください。

　ゆがみや腰痛、背中の痛みなどを引き起こしやすい靴を、知らずに履いている人も多くお見かけします。例えば甲が広い靴は、疲れやすく、足首やひざが太くなる原因に。次ページに挙げるタイプも要注意です。

【 ゆがみを悪化させやすい靴 】

ハイヒール

甲をホールドできず、かかとも不安定。特にピンヒールや、履き口の浅いタイプは、腰痛や外反母趾を引き起こしやすい。甲を固定できるストラップがあるもの、かかとが太く安定感のあるものを選びたい。

サンダル・ミュール

かかとがホールドされていないため、足がズリ落ちることも。すると、かかとの代わりにお尻や腰で体を安定させようとするため、お尻が大きくなったり、腰肉がつきやすくなる。

スリッポン

履きやすいのが魅力だが、その分脱げやすい。靴の中で足が不安定に動きやすく、足裏でしっかり地面をとらえられない。履き続けると、足裏の筋力が低下し、足首やひざが太くなる。

インソールがフラットな靴

インソールに足裏のアーチを支える盛り上がりがないため、扁平足になりやすい。歩行時の着地の衝撃を吸収できず、足首やひざ関節に負担がかかり痛みが現れやすく、脚が太くなる。腰痛の原因にも。

骨

足裏アーチを
つぶさない!
歩き方&足ケア法

　骨盤や肩甲骨、肩などはいずれも大切ですが、全身の中で**最もゆがみを寄せつけたくない場所は足裏のアーチです。**足裏は、土踏まずの部分が床から浮いているのが正しい状態。このアーチがつぶれて、足裏全体がペタリと床につく「扁平足」になると、さまざまな弊害が生じます。

　前ページでも触れましたが、足裏アーチの大切な役割は、着地の衝撃を吸収すること。アーチがつぶれると、1歩ずつ着地の衝撃が足首にかかります。足首がゆがめば、ひざ、股関節、骨盤、背骨へとゆがみが及ぶことに。すると、疲れやすくなり、肩こりや腰痛が慢性化。また、足底筋膜炎、巻き爪、外反母趾などの足トラブルも起きやすくなります。

　そして、扁平足になると、すり足歩行になりやすく、足裏で地面を押し返す筋力が低下。脚に脂肪がつきやすく、やせにくくなるのです。

　正しい歩き方を心がけたり、足ケアをすることで、足裏アーチを鍛えることは可能。ぜひ習慣にしてください。

【 正しい歩き方 】

「かかとから着地し、指のつけ根で地面を力強く蹴って進む」ことを意識する。
後ろ足の指のつけ根で地面を蹴るとき、
前脚のそけい部とお尻、太もものつけ根が伸びることを感じよう。

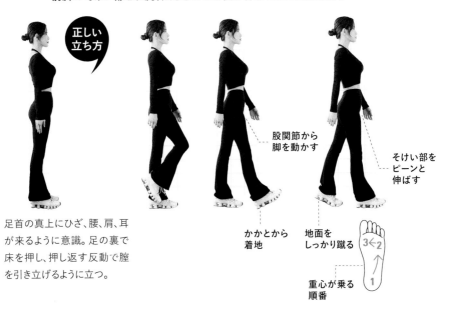

正しい
立ち方

股関節から
脚を動かす

そけい部を
ピーンと
伸ばす

足首の真上にひざ、腰、肩、耳が来るように意識。足の裏で床を押し、押し返す反動で膣を引き立てるように立つ。

かかとから
着地

地面を
しっかり蹴る

3←2
↑
1

重心が乗る
順番

【 足ケア法 】

足指に力を込めると、足裏のアーチが引き上がる。
はだしになり、足指でボールをギュッとつかんでは指を大きく広げて離す。
これを左右10回ずつくり返そう。

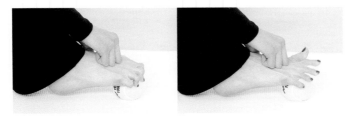

垂れ胸を引き上げる
バストマッサージ

バストを圧迫する小胸筋のこりをほぐす

腕振りマッサージ

小胸筋

左右各
10 往復

小胸筋をほぐして腕を上下に振る

右の鎖骨の下に、左手の人さし指から小指の4本の指を当て、右腕を真横に伸ばします。そのまま腕を上下に振り、小胸筋をほぐします。左手で押さえた小胸筋が動くのを感じながら10回くり返したら左右を変えて同様に行います。

悪い姿勢によってバストまわりの筋肉がこると、

バストが下がります。

原因となる2大こりを、マッサージでほぐしていきましょう。

バストを横に引っ張る前鋸筋のこりをほぐす
ひじ引きマッサージ

ぜんきょきん
前鋸筋

左右各
10 往復

前鋸筋をつかんでひじを引く

左腕を前からまわし、右のわきをつかみます。ちょうど胸のふくらみが終わるあたりに指をひっかけるのがコツ。ひっかけた指で前鋸筋をほぐしながら、右腕を、前と後ろに、交互に動かします。10回くり返したら左右を変えて同様に行いましょう。

骨盤＆骨盤底筋群を
ケアすることで
生理中や
産前・産後がラクになる

骨格のゆがみを予防・改善することは、女性の健康にとって大事なこと。
骨盤がゆがむと、さまざまな不調の原因になります。
骨盤の仕組みやケアするメリットを、竹元葉先生にうかがいました。

竹元 葉 先生

sowaka women's health clinic院長。日本産科婦人科学会 産婦人科専門医。順天堂大学医学部を卒業後、はぐくみ母子クリニック勤務などを経て2019年より現職。同院はスタッフ全員女性、すべてのライフステージにおける身近なかかりつけクリニックとして、女性に寄り添った診療を行っている。

　骨盤は、背骨の下にある「仙骨」というハート型の骨を中心に「腸骨」「恥骨」「座骨」など複数の骨が組み合わさって体を支えています。これらが前後左右に傾いたり、捻れたりするのが骨盤のゆがみと言われています。前に傾けば反り腰となり、下腹がドーンと前に突き出ますし、後ろに傾けば腰やひざが曲がり、猫背になります。

　また、骨盤は出産のときや生理中に緩んで開きますが、開きっぱなしのゆがみを抱えている人も見受けられます。骨盤の底にはハンモック状に臓器を支える「骨盤底筋群」があり、骨盤が開きっぱなしだと、骨盤底筋群も緩むことに。骨盤底筋群は子宮や膀胱などの骨盤内臓器を支えたり、腟、尿道、肛門のオンオフをコントロールする働きもあるため、緩みを放置すると子宮や膀胱が脱出する「骨

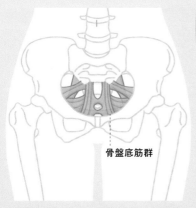

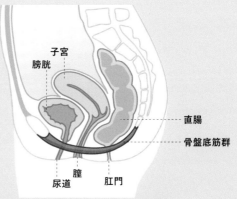

子宮
膀胱
直腸
骨盤底筋群
尿道
膣
肛門
骨盤底筋群

骨盤の底には、ハンモック型をした骨盤底筋群が位置。骨盤が前後に傾く、開くなどのゆがみが生じると、骨盤底筋群にも無理な力がかかり、緩むことに。

骨盤底筋群には膀胱、子宮や直腸などを支える役割が。緩むとこれらの臓器が外へ飛び出す「骨盤臓器脱」という病気になる恐れも。

盤臓器脱」や「尿もれ」などのリスクも上がります。

　また、骨盤の中には子宮や卵巣などの生殖器があり、骨盤がゆがむと骨盤内の血流が滞り、生理痛やPMSの症状が重くなる原因にもなります。

　恥骨はじきや、藤井さんが推奨している筋トレ（P.64〜）は、骨盤のゆがみを整えたり、骨盤底筋群を鍛えるのにとても有効。日ごろはもちろん、生理中や産後など骨盤が緩んでいるタイミングにも、無理のない範囲で取り入れることをおすすめします。痛みがあると、丸まってじっとしていたくなりますが、少し動いて血流を促すほうが、痛みが軽減するといわれています。

　私自身、ブライダルの際に白々華にお世話になり、式当日は、自分では到達で

きなかったレベルまでボディラインを引き締めることができました。また、妊娠中も体を見てもらったおかげで、おなかが大きいときも反り腰にならず、美姿勢をキープ。授乳中の悩みだった頭痛も軽くなり、産後ボロボロだった体をケアしてもらえたことで、早く復職できる状態に戻ることができました。

　私は藤井さんの施術を受けると、横隔膜がしなやかに上下し、呼吸が深くなると感じます。夜も深く眠れるし、丸まりがちだった姿勢を伸ばせるようになるのもうれしい点。

　全身の骨組みを正しい位置に整えることで、骨盤底筋群や横隔膜などの体幹組織をスムーズに動かすことができますし、日常的に女性の健康と美を根底からケアできる施術だと感じています。

内臓を磨く

長年、触診を行ううちに、体のお悩みと食事に
深い関係があることを発見しました。
関節まわりがブヨブヨされている方は
小麦粉製品を多く召し上がっている、
肉質がカチカチの方はビタミン・ミネラル不足、
お尻や太もも、二の腕、フェイスラインが
たるみやすい方はお酒や甘いものがお好き、
髪や肌にツヤがない方は
全体的に食べすぎている……などです。
そして、体づくりのためには量を減らしたり、できれば
摂取をやめたほうがいいものが分かってきました。
それは、小麦粉、脂質の多いお肉、お酒、
体を冷やすもの、精製された調味料、添加物です。
これらを減らすための工夫についてお伝えします。

内臓

「きのう、これを食べた」と言えないものが脂肪になる

「普段、全然食べていないのに、太るんです」というお客さまがいらっしゃいました。前日に召し上がったものを尋ねると、「朝は納豆ごはんで、お昼は適当にちょこっとつまんで、夜はごはん少しとお魚だけ」とのご返答。ところが、「適当にちょこっと」を詳しくうかがうと、「夕べの残りもののハンバーグに、子どもが残したうどん、それからフルーツと頂きものの焼き菓子とチョコレートと……」と、なかなかの量なのです。

もちろん、体にいい食材を必要な分量だけ口にすれば、健康でいられるし、余計な脂肪もつきません。満腹は老化を招く原因にもなります。でも、どうしても甘いものが食べたいときもあるし、大事な人と食事を楽しむときに、カロリーを気にしたくはないですよね。

大事なのは、自分が口にするものに自覚を持つこと。口に入れたもので体はつくられると理解したうえで、「それでも今の自分には、このメニューが必要」「今日は食事を楽しむ」と覚悟を決めれば、それは心の栄養になると思います。

「きのう食べたものリスト」からこぼれてしまう、無自覚に口にしたものが、脂肪になるのだと思うのです。

【 私の食事スケジュール 】

日々のお食事はお魚と野菜中心で、基本は一日1.5食、食べる目安量は腹六分目。
グーッとおなかが鳴ったときに「成長ホルモン」が分泌されるので、
空腹を心地よく感じながら、
血糖値を急上昇させない食べ方を心がけています。

ある日の朝食。キムチや松の実、黒ごま入りの納豆、焼き鮭、もずく酢など。

ランチのおにぎり。野菜入り切り干し大根と豆の炊き込みごはんを使いました。

胃腸にやさしい参鶏湯風スープ。美容の味方・なつめと消化を助ける大根入り。

納豆に、黒ごまやキムチ、松の実、アマニ油をトッピングするのが定番。青汁や、シリカとレモンを入れた白湯とともに。
朝食

施術の合間におにぎりを。満腹で集中力が途切れないよう、量は少なめです。1〜2口ずつ分けてこまめに食べます。
昼食

会食の予定がないときは自炊。野菜たっぷりの汁ものとお魚。足りないと感じたら、つくりおきの野菜おかずをプラス。
夕食

6:00　　7:00　　　12:00　　　18:00

なすの煮物や、肉巻き大根の朝食。お肉はたま〜に、少しだけいただきます。

じゃこや大豆、昆布、くるみ、かつおぶし、ごまを入れた自家製つくだ煮。

PRACTICE 3

内臓

10日間の小麦粉断ちで「やせスイッチ」が目覚める!

　お客さまの体に触れる際に感じるのは、筋肉や脂肪の質は驚くほど人それぞれ異なるということ。そしてそれは、普段の食生活の影響が大きいといえます。例えば水風船のようにブヨブヨとした感触の方は、パンやパスタ、焼き菓子などの小麦粉製品をよく召し上がっている傾向にあります。お米を主食にしてきた日本人の腸は、小麦粉を消化、吸収するのが苦手といわれます。腸内環境が悪化すると、体はむくみやすく、冷えやすくなるのです。

　また、小麦粉は血糖値の急上昇や急下降(血糖スパイク)を招く食べ物。**一気に血糖値が上がれば「インスリン」という脂肪をためるホルモンが分泌**されますし、**急下降すれば、脳が「血糖値を上げろ!」と指令を出し、さらに小麦粉製品を食べたい欲求が湧きます。**これを抑えるのは至難のワザ。

　小麦粉製品の中毒から抜け出すには、10日間、小麦粉断ちをするのがおすすめ。スーッと体が軽くなり、むくみも解消しますよ。

【左】「オーサワの国産米粉」500g 874円／リマの通販
☎0120-328-515
【右】「米の麺」180g 508円／自然芋そば 通信販売部・味彩庵　☎0120-123478

小麦粉断ちは
美肌効果も抜群

　左記で解説した通り、日本人の腸は、小麦粉が苦手といわれ、食べ続けることで、腸壁の粘膜が傷ついてしまう人が多くいらっしゃいます。

　腸という臓器は、体の中にありつつも外界と直接つながっている場所です。腸から取り入れていいのは消化済みの栄養だけですが、**腸粘膜が傷ついて腸壁にすき間ができると、未消化の食物や腐敗物、ウイルスなどが腸から血中へと流れ出てしまう**のです。すると体の免疫システムはこれらを異物と見なして攻撃をしかけます。慢性的な頭痛や肌あれ、花粉症などのアレルギーやアトピー性皮膚炎などを発症するリスクが高まるのです。これらのお悩みを抱えていらっしゃるお客さまに、小麦粉断ちをおすすめしたところ、症状がみるみる改善された、ということが何度もありました。

　不規則な生活や、ストレス、運動不足や寝不足なども腸壁を傷つける原因です。これを予防するには、小麦粉製品を避けると同時に、腸壁を強化する食材をとることもおすすめ。**おくらや山芋、海藻類などに多く含まれる水溶性食物繊維とお酢をいっしょにとることで、腸壁を強化する**「短鎖脂肪酸」が増えやすくなります。

内臓

おやつは週1回のお楽しみにして腸の負担を軽減

腸を守ることは、健康はもちろん、美しい肌や髪をつくることに直結すると思います。そのため、私は小麦粉をはじめ、腸内環境を悪くするといわれる食べ物を極力とらないようにしています。

その一つが精製された白いお砂糖です。腸内にいる細菌は、体にいい作用をもたらす善玉菌、悪い作用をもたらす悪玉菌、そのどちらでもない日和見菌の3種類がいますが、このうちの悪玉菌の大好物がお砂糖だからです。

同様に**悪玉菌が大好きなのが、果糖ブドウ糖液糖**。清涼飲料水のほか、ドレッシングなどの加工食品に多く使われています。また、食品添加物も避けるべきものの一つですが、特に**乳化剤は、腸粘膜にダメージを与えるといわれている要注意成分**です。

これらの摂取を最小限に抑えるため、私が自分に課しているルールは、おやつを食べるのは週に1、2回にとどめること。その分、食べるときは少し高級なものを選んで、気持ちも満足! 腸の負担を減らすために、少しずつ食べるようにしています。また、食品添加物をとらないために、栄養成分表示を確認。見慣れないカタカナが多いものは避けるようにしています。

内臓

肉食中心だと
停滞便がこびりつく

　私たちの体は筋肉も内臓も爪も髪も、たんぱく質でできています。たんぱく質は食べたもので合成され、働きを終えるとすみやかに分解されます。ところが、たんぱく質の摂取が足りていないと、このサイクルがうまくまわりません。**使い古しのたんぱく質が使われ、肌あれしたり、アレルギーになったり、最悪の場合病気を引き起こす**恐れもあるのです。

　一日に必要なたんぱく質の量は体重（kg）×2gといわれており、思っている以上にとる必要があります。また、質も重要で、私は肉よりも魚を多くとるようおすすめしています。それは、肉は魚に比べて脂質が多いから。脂質は消化に時間がかかるため腸の負担が大きく、腸の働きが悪くなると、便が停滞しやすくなるからです。

　魚に多く含まれる脂質は、不飽和脂肪酸です。融点が低く液体のまま消化され、中性脂肪を減らすという特性があります。**たんぱく質を魚でとることで、ダイエットにもなる**のです。

私がよくいただくお魚は、さけや、さばなどの青魚。旬のお魚をお刺身やグリルなど、シンプルに調理します。

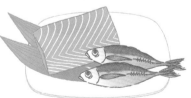

内臓

腸がきれいだと
毎日の幸せ度がアップする

　腸内環境をいい状態に保つことは、メンタルを安定させることにもつながります。というのも、腸と脳はとても密接な関係にあるから。腸と脳が影響し合うことを「腸脳相関」といいます。

　腸と脳が影響し合う一例に、脳内の神経伝達物質である「セロトニン」が挙げられます。セロトニンは、不安な気持ちを安定させることから「幸せホルモン」ともいわれますが、腸から送られた材料でつくられます。そのため**腸内環境が悪くなると、脳内のセロトニンが不足。ストレスに敏感になったり、イライラしやすくなってしまう**のです。

　便秘をすると、気分まで落ち込んだり、イライラが止まらなくなるのはそのためなんですね。腸内環境は、腸内にすむ善玉菌を増やすことで、よくなっていきます。

　私は、乳酸菌やビフィズス菌を配合したサプリメントをとったり、おみそやキムチなど、乳酸菌が多く含まれている発酵食品を積極的にとり、腸活しています。また、**小麦粉製品を食べて腸に負担がかかった翌日には、大根の酵素パワーに頼る**ことに。生の大根におみそをディップしていただき、腸内をデトックスしています。

体の「コゲ」と「サビ」を落としてエイジングケア

しわやたるみができる、病気のリスクが上がるなどの老化現象は、体内の「糖化」と「酸化」が原因です。

「糖化」とは、血中の余分な糖が、たんぱく質や脂質と結びつき、体熱によって焦げること。ホットケーキやカラメルのような「コゲ」が体内にできるのです。コゲてできた物質「AGE（終末糖化産物）」は、肌をくすませたり髪をパサパサにしたり、動脈硬化やがんの原因になるなど、老化を進行させてしまいます。

予防には、糖のとりすぎを防ぐほか、食べ順に気をつけるのも効果的。「野菜など食物繊維が多い食べ物→お魚などのたんぱく質おかず→ごはんなどの炭水化物」の順でいただくと、血糖値が急激に上がるのを抑えることができます。

そして、金属が酸素に触れればさびるように、**体も酸素を取り入れれば「活性酸素」というサビのようなものが発生**します。これが体の「酸化」。活性酸素はお肌のハリを失わせる困り者ですから、放置はできません。

私の対策法は、活性酸素を除去したり、活性酸素の活動を抑制したりする「抗酸化作用」が強い栄養素をとること。ビタミンA（緑黄色野菜など）、C（淡色野菜やフルーツなど）、E（ナッツ類など）がおすすめです。

内臓

カルシウムが足りないと
将来の自分から借りることに！

　女性にとって大切な、骨と血液。骨と血液の健康は、食べるものによって大きく左右されます。

　まず、骨の強化にはカルシウムが大切といわれますが、それは**カルシウムの摂取が足りないと、体に蓄えているカルシウムが使われてしまうから。**このとき、腰椎や大腿骨など体の中の大きな骨から借りてくるため、高齢になったとき、腰が曲がったり、骨折したりするリスクが高まるのです。

　蓄えてあるカルシウムに頼らないためには、カルシウムを多く含む小魚やコラーゲンの生成に必要なビタミンCをとることが大切。カルシウムの吸収率を上げるために、さけやさんまに多く含まれるビタミンD、納豆や小松菜に多く含まれるビタミンKをいっしょにとるのがおすすめです。

　一方、血液には、酸素や栄養、ホルモン、免疫細胞などを体じゅうに届けたり、二酸化炭素や老廃物を回収する役割があります。これらをスムーズに運ぶには、血液がサラサラであることが必須条件です。

　血液をドロドロにする要因である糖や脂質をとりすぎないこと、そして、血液サラサラによいといわれる青魚や玉ねぎ、トマトなどをとるのがおすすめです。

添加物を毎日とっていると体臭がキツくなる

　私は、添加物を含む食品はできるだけ避けるようにしています。添加物は食べ物というより化学薬品に近いもの。日常的に摂取していると、体にダメージが積み重なり、不調を引き起こしやすくなると思うのです。

　添加物の悪影響が強く出るのが腸です。「よくインスタント麺を食べている」「スナック菓子が大好き」という人は、腸内環境が悪くなり、おならや便がくさくなるといわれます。腸内の有害物質は腸管から全身にまわり、呼気や、皮膚ガスとしても放散されます。

　とはいえ、食材すべてを無添加に切り替えるのは大変。食費も高くなるでしょう。そこでおすすめしたいのが、まずは塩、その次に砂糖、しょう油の基本調味料だけ、無添加で、なおかつ精製されていない自然のものを使うこと。ある程度の期間使い続けられるので、体が変わっていくのを実感できると思います。ご自身でいいと思えば、もっと無添加の食材を増やしたいと考えるようになるかもしれません。

小笠原諸島の父島の海水を釜で煮詰めて、塩本来の純白の結晶に仕上げている。

「小笠原の塩」140g 640円／小笠原の塩
http://ogasawaranoshio.cart.fc2.com/

調味料は、食材にこだわりをお持ちになられる鉄板焼き『中むら』さんが教えて下さいます（藤井）。

内臓

夏にビールやアイスを とりすぎると冬に肥えます

　女性にとって冷えは大敵です。冷えのデメリットは、なんといっても代謝の低下。体は食べたものをエネルギーに変換しますが、**体が冷えていると代謝が落ちてエネルギーに変換できず、脂肪として体につきやすい**のです。体が冷えると腸の働きも悪くなり、便秘がちになるのも困りもの。また、**血液やリンパの流れも滞るので、フェイスラインのたるみやしわといったお顔のお悩みも出やすくなります。**

　体を冷やさないために、冷たいものはできるだけ避けましょう。夏、毎日のようにアイスを食べたりビールを飲んだり、冬には脂肪がつくのでご注意を。飲み物はホットか常温に。カクテルなど冷たいお酒を飲むときは、チェイサーとして白湯や温かいお茶を飲みましょう。生野菜も体を冷やしますので、温かいスープといっしょにいただくのがおすすめです。

指の間にかく汗が、足元を冷やす。これを防ぐのに5本指ソックスが便利。また、関節を保温すると、体が冷えにくい。ひざまでカバーできる、長めのレッグウォーマーなどが役立つ。

内臓

毎晩お酒を飲んでいると顔の老化が早まる！

　お酒は食事をおいしくしてくれたり、人間関係を円滑にしてくれたりと、いいことがたくさんあります。でも、デメリットが多いのも事実です。

　お酒をたくさん飲むと、筋肉が硬くなります。運動しても筋肉がつきにくくなり、動脈硬化も進行して、将来の認知症リスクも高まります。さらに睡眠の質が落ちるので、寝ても疲れが取れません。むくみやすくなり、むくみが慢性化すればお顔はたるみます。

　「休肝日をつくっているから大丈夫」とおっしゃる方もいますが、週に1、2日だけ休めても、肝臓の機能は回復しません。やはり飲む量を「ほどほど」に抑えることが大切だと思うのです。

　「18年間、妊娠と授乳期間以外は毎日二日酔いだった」というお客さま。ある日「これでは人生がもったいない」と**断酒されたら、お顔のたるみがみるみるスッキリし、しわが消え、スーッと小顔になられました。**お酒が、こんなにもお顔の老化に悪影響を与えていたのかと、驚くほどの変化だったのです。

足りない栄養は
サプリに頼る

　栄養は食事からとるのが基本ではありますが、どうしても不足する栄養素は出てきます。**不足したままにしたり、その栄養をとろうとして余計な脂質や糖質をとりすぎてしまうなら、サプリメントに頼ってもいい**のでは？ というのが私の考え方。

　ただし、サプリメントも食品の一種ですから、吟味することは必要だと思っています。私は信頼しているクリニックの先生がすすめてくださったものや、お客さまが教えてくださり、実際にお客さまのお肌やお体の調子がよくなったと確認できたものを購入。

　私が取り入れているのは、腸内環境を整える効果がある酵素や、ビタミン類、カルシウムなど。実際の愛用品をご紹介します。

1625年の創業以来培ってきた米発酵技術を応用。ミトコンドリアの働きに着目し、アミノ酸やクエン酸などの含有料を高めたノンカフェインのエナジードリンク。

「VATEN（バテン）」100ml 432円／福光屋
☎0120-293-285

【上】日本人の60％が欠乏しているといわれるカルシウムとマグネシウムを、吸収の効率を重視して配合。

「CaMg300」180粒4320円

【下】臨床の現場から生まれた機能性医学的ベーシックサプリメント。日本人に不足しがちな亜鉛やビタミン類を配合。

「newBasic」120カプセル1万800円／ともに日本機能性医学研究所
☎03-6427-7654

【上】野菜や果物、穀物、海藻などの原料を配合。毎日異なる食物繊維を摂取して多様な菌の育成を目指す、ローテーション型の食物繊維ミックス。

「aub GROW」30包8140円

【右】酪酸菌や乳酸菌、ビフィズス菌など約30種類の菌のほか、菌のエサになるオリゴ糖と食物繊維を付加。

「aub BASE」90粒 8140円／ともにaub store ☎0120-352-255

マクロビオティック理論に基づいて選ばれた、86種類の野菜や果物などを8年熟成させた酵素。腸の善玉菌を刺激。

「be my flora8年熟成酵素」60包 1万9500円／REBEAUTY ☎03-6721-0801

1包にビタミンC3000mgとビタミンD4000IUを配合。顆粒タイプで高容量を一気にとれる設計。

「ビタミンC＋ビタミンD-Wakasapri for Pro.」30包 5832円／分子生理化学研究所 ☎03-5286-7010
※医療機関でのみ購入可能。

シリカ（ケイ素）は、体内に存在するミネラル。500mlあたりシリカ9600mgが配合された濃縮液。

「ZERO BACEシリカ」500ml 1万7800円／ピアチェーレ ☎03-4500-8047

体＝自分のお部屋。
整えれば、人生の居心地がよくなる

　ゆがみや滞りのある体は、散らかったお部屋のようなもの。人の体を整えることは、その人のお部屋を整えることに似ていると思います。

　お掃除をしてお部屋がきれいになると、空気の流れも整います。いいものが入ってきて、悪いものが出ていき、お部屋が居心地のいい空間になっていきます。そうなると、今まで気にしていなかった汚れが気になるようになり、汚れを放置しない習慣がつくと思うのです。

　体も、ゆがみが整うことで、いろいろなことに対して感覚が鋭くなり、ご機嫌でい続けられるように気持ちをコントロールしやすくなります。

　元気になることで、これまで諦めていたことにチャレンジしたり、仕事や趣味をより極めたくなってくる。自分をどんどん好きになり、人生が豊かになっていく……。

　神経はじきが、そんな好循環のきっかけになれたら、とてもうれしいです。

なぜか重ダル〜なときは
お酒と塩でプチおはらい

　私は日々、さまざまなお客さまのお体に触れさせていただいていま
す。お客さまにはバイタリティに溢れていてエネルギッシュな方も多く、
こちらまでパワーをいただけるのですが、ときには気を多く受け取りす
ぎてしまうことも。フラットな自分に戻すために、お塩やお酒の浄化力
に頼ることがあります。

　お塩やお酒は、昔からいい運気を引き寄せたり、悪い気を浄化させ
たりする力があるといわれています。あくまで個人的な浄化法ですが、
やり方はとても簡単。帰宅して手洗いをした後、塩を手にもみ込んで
洗い流す方法や、塩をひとつまみ、のどに入れてから水でうがいをす
る方法があります。また、日本酒を塩といっしょに湯船に入れたり、シャ
ンプーの前に日本酒を頭に振ったりしています。

体形や体調の「なぜ」を
分析することが
健康で美しい未来をつくる

　私は「ダイエット」という言葉を世の中からなくしたいと思っています。ダイエットというと、どうしても短期的な考えになりますが、白々華が目指しているのは、根本的な療治や万病予防。一日でも長く、健康的なお体で人生を楽しんでいただきたいと考えています。

　ダイエットをくり返している方は「なかなか、やせない」「つい、暴飲暴食してしまう」「間食がやめられない」などのお悩みを抱えていらっしゃいます。

　「なぜやせないのか」「なぜ暴飲暴食をしてしまうのか」「なぜ間食をやめられないのか」……。この「なぜ」を知ることがファーストステージだと思います。やせるために新しいことにチャレンジする前に、「なぜ」を改めて見つめ直していただきたい。例えば、自分が食べているものの「量を把握する」「質を把握する」ことで、「なぜ」の答えに近づけます。

　たくさんの「なぜ」を知っていくと、食への過剰な欲＝不健康な体の元凶といった答えにたどり着けると思うのです。その結果、自身にとっての食事の適正量が分かり、その日の体の声に耳を傾けながら、適切な量や質のよい食事にシフトできる習慣が身についていくと思います。

日常の悪い習慣が、近い将来の病気を招くのでは……という危惧から、本書では神経はじきをはじめ、運動、姿勢、食事など、たくさんの「こうすべき」をお伝えしてきました。とはいえ、日々を懸命に生きる現代の女性たち。ご自身の体づくり以外にも心を配らなければならないことは山積みで、神経はじきができない日もあれば、ソファーで丸まっていたい日もあるはずです。何より大事なのはご自身の心が健やかであることですから、無理は禁物です。

　すべてを実践できるかどうかはさておき、正しい体づくりや健康になるための知識を持つことは、必ずご自身の財産になると思っています。

　この本がみなさまご自身のお身体を知るきっかけとなり、健康でなりたい自分に近づくことで、笑顔で過ごせる時間が増え、人々が互いを思い合える幸せの連鎖が生まれることを心から願っております。躰調律矯正がその最初の一歩になれたらこんなにうれしいことはありません。

藤井菜保子

藤井菜保子

躰調律矯正サロン「白々華（HACCA）」代表。躰調律矯正師。有名整体院にて勤務後、骨盤矯正やエステ技術、東洋・西洋・中医学など、さまざまなメソッドを総合した手技を確立し、25歳で独立。身体のクセや抱える不調を瞬時に見抜く力と、「身体づくりの天才」と呼ばれるゴッドハンドにより、女優、モデル、文筆家、医師など多くの著名人たちの体づくりに携わる。サロンでは、独自に見出した「人体の力の線」をはじめ、神経や骨格筋、内臓にアプローチするメソッドを提供。ゆがみ、猫背、O脚などを改善することはもちろん、年齢やライフステージに沿った美しさを引き出す施術を行っている。

白々華 (HACCA)

東京都渋谷区神宮前4丁目19-8 アロープラザ原宿
03-6447-2636
https://www.hacca-co.jp/

Staff

デザイン
木村由香利 (986DESIGN)

撮影
小倉啓芳
臼田洋一郎

ヘアメイク
鈴木翠

イラスト
久保田ミホ (イメージ)
川野郁代 (筋肉・骨格)

編集協力
及川愛子

神経から筋肉、骨格が美しく整う

躰調律矯正

2023年5月9日　第1刷発行
2023年7月27日　第3刷発行

著　者　　藤井菜保子

発行人　　土屋徹
編集人　　滝口勝弘
編　集　　彦田恵理子

発行所　　株式会社Gakken
　　　　　〒141-8416 東京都品川区西五反田2-11-8
印刷所　　大日本印刷株式会社
DTP　　　株式会社グレン

○この本に関する各種お問い合わせ先
本の内容については、下記サイトのお問い合わせフォームよりお願いします。
https://www.corp-gakken.co.jp/contact/
在庫については　Tel：03-6431-1250（販売部）
不良品（落丁、乱丁）については　Tel：0570-000577
学研業務センター　〒354-0045 埼玉県入間郡三芳町上富279-1
上記以外のお問い合わせは　Tel：0570-056-710（学研グループ総合案内）

学研グループの書籍・雑誌についての新刊情報・詳細情報は下記をご覧ください。
学研出版サイト https://hon.gakken.jp/